EL PEZ QUE NO QUISO EVOLUCIONAR

Paco Muro

El pez que no quiso evolucionar

Relatos sobre la vida y la empresa

EMPRESA ACTIVA

Argentina - Chile - Colombia - España
Estados Unidos - México - Uruguay - Venezuela

© 2009 *by* Francisco Muro
© 2009 *by* Ediciones Urano, S.A.
   Aribau, 142, pral. - 08036 Barcelona
   www.empresaactiva.com
   www.edicionesurano.com

ISBN: 978-84-92452-21-7
Depósito legal: B - 15.633 - 2010

Fotocomposición: Ediciones Urano, S.A.
Impreso por Romanyà Valls, S.A. - Verdaguer, 1 - 08786 Capellades (Barcelona)

Impreso en España - *Printed in Spain*

Índice

Prólogo a la nueva edición

Este libro nació, como tantas cosas, por casualidad. Eso sí, como tantas veces se ha dicho respecto al factor suerte en referencia a los escritores con éxito en ventas, la suerte existe... ¡pero te tiene que pillar escribiendo!

Pues algo así ocurrió. Hace unos años, cuando apenas yo escribía algunos artículos en la prensa especializada, coincidí en el pequeño aeropuerto que da servicio a San Sebastián, una preciosa ciudad del norte de España, con Juan Carlos Cubeiro, prestigioso experto en management, y uno de los más reconocidos conferenciantes y escritores del campo empresarial en España. Por entonces no nos conocíamos personalmente, tan sólo le había visto en alguna de sus múltiples e interesantes comparecencias. Al verlo en la cola para acceder al avión estuve tentado de acercarme y saludarle, pero justo en ese instante comenzó el embarque y dejé pasar la ocasión. Pero azares del destino dispusieron que eso no acabara ahí. Grande fue mi sorpresa, cuando ya estaba sentado en mi butaca, ver que quien venía a ocupar el asiento contiguo era ¡Juan Carlos!

Evidentemente ya no cabían excusas. En cuanto se sentó aproveché para presentarme y así poder darle alguna palabra amable respecto a sus artículos, libros y ponencias. Pero en cuanto dije el correspondiente: «Buenos días, ¿eres Juan Carlos Cubeiro, verdad? Soy Paco Muro...» no me dejó continuar y me soltó entusiasmado: «¡Hombre, tenía ganas de conocerte, te leo mucho y me gusta mucho lo que escribes!» Eso me dejó un tanto bloqueado y pensé: «Un momento, ¿cómo que él me lee mucho a mí?, si era yo el que le tenía que decir eso». Comenzamos una agradable conversación y finalmente me animó a que transformara mis artículos en un libro.

Ese empujón fue el que necesitaba para decidirme a hacer una realidad que me rondaba por la cabeza aunque reconozco que no tenía mucha fe en que mis escritos interesaran a nadie. Pero ante tamaño espaldarazo ya no había dudas, y así nació la idea de crear esta obra que sin ese encuentro nunca sabremos si hubiera visto la luz. La idea era juntar una serie de reflexiones para confeccionar un libro ágil y sencillo para regalar a clientes y amigos. Y digo regalar porque tenía la idea clara: «¿Quién iba a comprar una obra mía, si es sólo una serie de historias sencillas?»

Cuál fue mi sorpresa cuando esa sencillez se convirtió precisamente en el factor de éxito de este libro, e incluso de que el siguiente «*Ir o no ir*» (también publicado por Empresa Activa) se convirtiera igualmente en un superventas. Lo de ver este libro traducido a varios idiomas, entre ellos ¡el chino complejo!, ya es de ciencia ficción. Aproximadamente 250.000 ejemplares vendidos por todo el mundo en ocho idiomas diferentes, o haber figurado en el TOP 5 en las listas de libros de no-ficción más vendidos en lugares tan distantes como Colombia o Japón ya ha sido algo inimaginable, que me llena de satisfacción.

Cada *e-mail* recibido desde algún rincón del mundo con un comentario, o agradeciéndome las ideas del libro me han emocionado. No creo ser merecedor de tanto respeto y admiración, y me alegro muchísimo de haber aportado un granito de arena de inspiración a tanta gente. Personas que me han escrito diciéndome que tras leer el libro han cambiado cosas, han pasado a la acción o han visualizado pensamientos que le han ayudado me conmueven además de generar en mí un sentido de responsabilidad sobre lo que digo y hago.

Da la circunstancia de que hoy estoy justo en ese mismo aeropuerto escribiendo este prólogo mientras espero el primer avión de la tarde. Será de nuevo el destino, que habrá querido cerrar el círculo. Quiero aprovechar para dar las gracias a los editores de Pearson que apostaron por este proyecto, a Empresa Activa por atreverse a lanzar esta nueva edición, a Maru, mi agente literario y mi socia en estos éxitos, a Sergio, mi coach literario por su permanente ayuda y apoyo, a todos los agentes, distribuidores, tiendas, kioscos y empresas de venta online, que hacen posible que los libros lleguen a nuestras manos. A Juan Carlos Cubeiro por aquel inocente empujón que tanto juego me ha dado. A mi familia por querer seguir compartiendo conmigo el caminar por la vida y dar sentido a cada paso, y a los lectores, por considerarme digno de que dediquen su tiempo a leer mis obras, e incluso a repartirlas entre sus equipos como tantas veces ha ocurrido para ayudar a lanzar algún mensaje estratégico que necesitaban remarcar. Es un honor que nunca podré agradecer lo suficiente.

Espero que pase un buen rato leyendo este libro, y le haga pensar.

PACO MURO

1

El pez que no quiso evolucionar

Había una extraña agitación en la zona de las grandes marismas. Todos los animales acuáticos tenían una asamblea convocada por la tortuga. Aunque el nivel de las aguas era sobrado, había descendido en los últimos años y eso inquietó al viejo reptil. Por ello mandó llamar a la comunidad de animales de la vecindad para trasladarles sus conclusiones:

—«Amigos, imagino que os habréis fijado en que cada vez hay menos agua. Sé que aún no parece nada serio, pero he visto este mismo proceso con anterioridad en otras zonas de la Tierra, y os vaticino que se aproximan siglos de dura sequía.»

Ante estas palabras se organizó un gran revuelo. Todos habían percibido un suave y continuado descenso del caudal de las marismas, pero nadie creía que pudiera ser tan grave. «¿Por qué nos habrá citado si hay agua de sobra?», se preguntaban unos a otros.

El centenario galápago dio respuesta a la inquietud despertada:

—«Os he convocado porque afortunadamente todavía nos queda mucho tiempo, y podremos superar esto sin problemas si empezamos a actuar desde hoy. Para que sobrevivan nuestras especies tenemos que EVOLUCIONAR.»

Todos se quedaron estupefactos. Nunca se habían planteado tal cosa y tras el impacto inicial, comenzaron a preguntar cómo hacerlo.

—«Cada día, estaremos unos minutos fuera del agua. El que no pueda, que empiece por unos segundos y poco a poco que vaya aumentando el tiempo. Debemos hacerlo una y otra vez, y enseñarlo a las generaciones venideras, para que cada especie evolucione con tiempo suficiente, y así lograr que todos podamos mantenernos en un entorno sin marismas. Debemos también cambiar nuestros hábitos de alimentación, y para eso empezaremos comiendo algo que no esté en el agua, hasta que acostumbremos a nuestro cuerpo a digerir plantas del exterior.»

No sin ciertos temores, todos empezaron con el largo y concienzudo plan de acción. En unas decenas de generaciones lograrían respirar fuera del agua, alimentarse con comida que crece en la tierra y hasta podrían moverse fuera del ámbito acuoso. Todos menos el Barbillo, uno de los peces históricos de las marismas, que se negó a participar en este proceso. Convencido de la exageración de la tortuga no hizo caso, y pronto comenzó a disfrutar de la torpeza de sus vecinos que trataban de ganar capacidad para cobrar más comida. Las otras especies, a medida que evolucionaban, eran menos competitivas dentro del agua. El Barbillo veía descender las aguas, pero se mantenía en la idea de que algunas lluvias arreglarían a tiempo el problema.

Al cabo del tiempo, tan sólo unas pocas charcas con apenas un dedo de profundidad hacían recordar que en esos parajes hubo alguna vez unas marismas. El Barbillo agonizaba, y ese verano, el más duro que se recordaba, acabaría con seguridad con el agua que quedaba. Delgado y sin poder moverse lloraba su desgracia. Justo entonces pasó la tortuga a su lado y le dijo:

—«Tuviste la misma oportunidad que los demás. En este mundo de cambios constantes, evolucionar no es una opción, es una obligación para sobrevivir.»

> Nada es nunca como siempre.
> En este mundo de cambios constantes evolucionar no es una opción, es una obligación para sobrevivir.

El Barbillo, aún sin comprender gritaba:

—«¡Qué mala suerte he tenido! Todo se ha puesto en contra mía y para colmo este verano terrible. ¡Qué fatalidad! Tú lo dices porque eres una tortuga y puedes desenvolverte por donde quieras, pero no tienes ni idea de lo que es esto.»

La anciana tortuga sonrió y antes de abandonar al Barbillo le comentó:

—«Mi infeliz amigo, hace mucho, mucho tiempo, yo era un pez estúpido como tú, y también me llegó la oportunidad de evolucionar. Aunque me presté a ello, no lo tomé en serio, y es por eso que soy así de torpe sobre tierra. Me temo que jamás llegaré a volar y apenas me desenvuelvo con soltura bajo el agua. Durante años eché la culpa a la mala suerte, y ahora ya he aprendido que soy yo el único responsable, pues cuando la realidad me mandaba sus señales me empeñé en no hacer caso, en no cambiar nada en mí y casi me quedo fuera de este nuevo mundo. Me marcho, he decidido que debo ser más rápida, así que he de correr un poco más cada día, y así podré evolucionar a algo superior, pues parece que vendrán tiempos de escasez y quiero seguir siendo competitiva para entonces.»

> Durante años eché la culpa a la mala suerte, a los demás, al mundo, y ahora ya he aprendido que soy yo el único responsable.

El Barbillo murió en el barro, en el barrizal de los inmovilistas, de los que no quieren cambiar, en el lodo de los mediocres que embriagados por la abundancia de hoy no saben ver la necesidad de cambio, de evolución, para seguir existiendo mañana.

Igual que el pez, hay muchos trabajadores (jefes y empleados) que aun viendo las nuevas exigencias y tendencias que habrá que afrontar en el futuro inmediato, no asumen la evolución como necesidad profesional inminente. Son los que esperan pasivamente a que una lluvia milagrosa acabe al final por volver a poner las cosas como antes, sin entender que en el entorno competitivo actual nada es nunca como siempre, pues las empresas están en continuo progreso y los que no sean capaces de evolucionar con ellas, por fuertes o competentes que sean hoy, pasarán a engrosar la lista de los extinguidos por quedar desfasados de su mundo.

Muchos en la bonanza de hoy,
no saben ver la necesidad de cambio,
de evolución, para seguir existiendo
mañana.

2

Los tres directivos y la crisis feroz

Éranse una vez tres directivos que decidieron poner en marcha un negocio. Cada uno tenía sus ideas sobre cómo hacerlo, cada uno tenía su propio concepto de lo importante y lo trivial, y cada uno tenía una capacidad de compromiso y trabajo diferente.

Así que pronto se separaron y cada uno se propuso realizar el proyecto a su manera. El primero, oportunista y amante de los negocios rápidos, decidió construirlo con escasa estructura, personal económico y mínimas inversiones. El segundo, gustoso de la imagen y las apariencias, se concentró en vestir adecuadamente la imagen externa del negocio. Preparó unos cuidados folletos y vistosas oficinas para dar sensación de poderío, pero detrás de eso no había mucho más que en el primer caso. Para él era más importante parecerlo que serlo. El tercer directivo se propuso crear una empresa sólida, con fuertes estructuras, con un gran compromiso de calidad, con una cultura y valores auténticos, con personal de buen nivel y empezando poco a poco, pero con visión de empresa grande y seria desde el principio.

El primero montó su negocio en unos días, y pronto obtuvo los primeros ingresos. Sus bajos precios atrajeron rápido a la clientela, y su mediocre servicio quedaba oculto por la alta rotación de clientes. El segundo tardó algo más, pero también empezó a ver beneficios tras las primeras semanas. Su excelente imagen fue capaz de captar diversos proyectos importantes que comenzaron a dar pingües beneficios en los trabajos iniciales. El tercero, desde su humildad, reinvertía lo poco que iba obteniendo en mejorar y consolidar su negocio. Su cuidado del cliente y su obsesión por la calidad de servicio retrasaban su capacidad para dar beneficios, y además debía padecer la burla de sus antiguos compañeros, que se pavoneaban ante él mostrando sus primeras riquezas.

Pero llegó una crisis feroz que azotó duramente al sector. Cuando alcanzó a la primera empresa no tuvo más que dejar sentir su aliento para que se desmoronara. Ante la falta de clientela fija, el vaivén de los malos vientos desmoronó enseguida el negocio, arruinando al directivo. Cuando llegó al segundo, sus clientes empezaban a estar cansados de los retrasos en el cumplimiento de compromisos. Su incapacidad para sacar adelante los proyectos que asumió se volvió en su contra, y pronto su imagen quedó en entredicho para acabar sucumbiendo ante las reducciones de pedidos que trajo consigo la crisis. Ambos, desesperados por su mala suerte, acudieron a pedir ayuda al tercero. Su empresa, soportaba firme las embestidas de la crisis. El alto prestigio logrado entre su clientela, ganado a base de esfuerzo y calidad, le sustentaba en esos tiempos de penuria, y lejos de verse perjudicado, sus valores empresariales convertían la tempestad en oportunidades para abrir nuevos contactos con clientes escarmentados. Fue capaz de burlar los devastadores soplidos de la feroz crisis con pocos daños, y remontar más fuerte y vigoroso cuando regresaron los buenos tiempos.

Un día recibió la visita de sus viejos compañeros y escuchó paciente sus penas y sus males. Cuando acabaron de lamentarse les dijo:

—«Amigos míos, se recoge lo que se siembra, y siempre han de venir malos tiempos, pues todo año tiene su invierno. La recompensa del logro duradero está al alcance de todos y sólo los necios desaprovechan, por su ansia, la oportunidad que brinda cada hoy para crear el éxito de mañana. La única ayuda que puedo daros es invitaros a la superación, a trabajar más y gestionar mejor, a entender que la calidad de producto y servicio, así como unos precios justos que garanticen la rentabilidad, son el camino del éxito a largo plazo. Los atajos y engaños sólo conducen al fracaso. Id e intentadlo de nuevo, pues en vosotros está el alcanzar el triunfo, pero si no cambiáis, de poco servirán las ayudas económicas, pues no harían más que retrasar la caída, y provocar un agujero aún mayor.»

> La recompensa del logro duradero está al alcance de todos. Cada «hoy» brinda la oportunidad para crear el éxito de mañana.

Dicho esto les acompañó hasta la puerta y deseándoles buenaventura, retornó a sus quehaceres, que eran muchos, pues debía atender múltiples nuevos pedidos, surgidos por la recomendación entusiasta de varios de sus clientes.

> Los valores de esfuerzo y calidad
> convierten las tempestades
> en nuevas oportunidades.

3

Reestructurar con el método de la hormiga

Cuentan que en un período de cierta recesión económica, una empresa con una plantilla sobredimensionada, tras unos años de esplendor, se planteó un reajuste de personal para facilitar su supervivencia. Supongamos que se llamara Hormiga S. A.

Después de un competente análisis se comprobó que la forma más eficaz y rentable de reducir costes era eliminando una de las seis patas que tenía Hormiga S. A., pues algo había que hacer y ahora aquella pata no era imprescindible. Total, con cinco patas la hormiga seguiría trabajando estupendamente.

Así lo hicieron y fue un éxito que les permitió ir más desahogados durante un tiempo, que aprovecharon para seguir con una severa política de restricciones conservadoras. Pero la recesión duró algo más de lo previsto y, ante la falta de expectativas positivas, se plantearon hacer un nuevo reajuste para ser precavidos. Esta vez tardaron menos en decidir: ¡quitemos otra pata! Hubo total unanimidad, al ritmo de marcha actual no parecía preciso mantener las cinco patas.

Con sus cuatro patas la hormiga continuó camino como

buenamente pudo. En pocos meses el rendimiento de la hormiga bajó, había tensión y agotamiento, y lo que parecía la solución para una recuperación segura se convirtió en un mayor retroceso. Ante tal situación había que tomar decisiones drásticas.

—«¿Qué hacemos?», preguntó el presidente.

—«¡Pues quitar otra pata a la hormiga, como siempre!», respondieron los directivos.

Y así lo hicieron, impulsados por la tradición de recortar en cuanto las cosas no salían bien. En vez de estudiar cómo avanzar más y mejor, suprimieron una pata más, dejando al insecto con tres, a pesar de que la recesión tocaba claramente a su fin y empezaba una recuperación que exigía aumentar la velocidad.

Incomprensiblemente la hormiga no daba la talla, no era capaz de competir a pesar de que se habían hecho todas las reestructuraciones oportunas, una reingeniería de procesos y un plan de disminución de costes ejemplar. Los resultados eran negativos, se perdía cuota de mercado de forma vertiginosa y el comité de emergencia se reunió de nuevo.

—«Señores, creo que sobran las palabras y debemos pasar a la acción sin demora», apuntó el director general.

—«Por supuesto, ya sabemos todos lo que hay que hacer», ratificó el presidente.

Como ya se habrán imaginado, la hormiga volvió a perder otra pata. Gracias a la política de reducción de costes, la hormiga con sus dos patas se arrastraba tratando de dar lo mejor de sí. Esfuerzo inútil. La competencia seguía alejándose por delante y hasta las empresas más mediocres del sector lograban superarles. Los resultados eran críticos, no había ventas suficientes para soportar la compañía. Sólo cabía una última acción antes del desastre: ¡dejar a la hormiga con una sola pata!, así aguantarían los costes unos meses más y, mientras tanto, se intentaría tomar medidas.

Definitivamente hubo que afrontar la verdad. Reunido el comité de dirección ante la junta de accionistas manifestaron lo siguiente:

—«Queremos manifestarles la falta de viabilidad de esta empresa, dado que la hormiga ha demostrado ser absolutamente ineficaz y con un rendimiento decepcionante, a pesar de todos los medios que se han puesto una y otra vez. Su actitud negativa y falta de colaboración han sido patentes, así que aconsejamos eliminar esta unidad de negocio, pues está claro que es un mercado muy difícil, que no da para todos, y con esta estructura inoperante no se puede competir.»

La hormiga acabó por morir de hambre, y los directivos fueron recolocados en otra compañía del grupo que atravesaba una difícil situación y necesitaba «expertos» en medidas especiales para reflotar empresas.

Seguramente esto no ocurre en la realidad. Nunca hemos visto empresas que se atascan obsesionadas por la disminución de costes como herramienta prioritaria para mantener la competitividad, logrando justo el efecto contrario: estrangular la capacidad operativa de la empresa para lograr más y mejores resultados, que es lo que realmente saca a las compañías de los agujeros.

> La capacidad de la empresa para lograr buenos resultados es lo que realmente saca a las compañías adelante.

Recortar gastos comerciales o disminuir personal secundario de apoyo para obligar a los profesionales clave a ocupar la mitad de su valioso tiempo en realizar, y mal, esas tareas que antes delegaban para poder dedicarse a su verdadero trabajo, son actuaciones típicas de empresas que actúan con escaso talento. Cualquier recorte de «gastos» que disminuya la capacidad competitiva de una empresa es como ahorrar en el mantenimiento de un coche suprimiendo una de sus ruedas. Financieramente salen las cuentas a corto plazo, muy corto, pero estratégicamente esto deja a la empresa fuera de juego e incapaz de competir.

Un ejemplo de esto lo contemplamos cuando a la hora de ajustar costes, lo primero que se disminuye es el presupuesto de formación y publicidad. Si la formación y la publicidad que se estaban realizando en la empresa no ayudaban a mejorar los resultados, hace tiempo que deberían haber sido suprimidas. Por tanto, es un error de la dirección haber derrochado esos recursos durante tanto tiempo. Y si eran útiles para mejorar los resultados, ¿cómo suprimir las acciones que precisamente van a ayudar a salir de la crisis? Si lo hacemos evidentemente las cosas irán peor.

> Hay empresas que se obsesionan y atascan en la disminución de costes como herramienta prioritaria para mantener la competitividad. Y logran justo el efecto contrario.

La formación y la publicidad de calidad bien hecha son gratis, ya que revierten más de lo que cuestan. Si nos dedicamos a gastar los presupuestos de una y otra simplemente porque existen esas partidas, sin criterios estratégicos y sin buscar la mejora esencial, es lógico que luego se consideren prescindibles cuando la cosa se pone fea, porque de hecho siempre lo fueron.

Dejar a la hormiga paralítica nunca ha sido ni será la solución. Una vez tomadas las primeras decisiones para ajustarse a la nueva realidad, cuando aún contamos con cinco patas, todos los esfuerzos deben orientarse a cómo ser más competitivos. Si hay que caer que sea por avanzar, por tratar de sacar ventaja a la competencia. Al fin y al cabo, cuando hay recesión ésta es para todos, y pocos hacen las cosas bien en esos momentos de dudas, de alta presión y nerviosismo. Eso supone una oportunidad en medio de la tormenta, pues actuando con calidad y hacia delante se recogerán de rebote todos los pedidos que los errores de los demás ofrecerán en bandeja.

> Todos los esfuerzos deben orientarse a cómo ser más competitivos. Si hay que caer, que sea intentando avanzar.

Hace varios siglos una gran fortaleza china quedó sitiada por el sanguinario ejército enemigo. El mandarín de la fortaleza reunió a sus generales y les dijo:

—«Tenéis un día para confeccionar el plan de acción. Mañana quiero verlo.»

Al día siguiente los mandos militares, orgullosos, presentaron su plan estratégico:

—«Las murallas son infranqueables así que hemos hecho un plan minucioso con máximo aprovechamiento de nuestros recursos. Tenemos un cañón con más de cien balas que podrá mantener alejado al enemigo durante un mínimo de un mes. Mientras tanto fundiremos las armaduras y los escudos para fabricar espesas alambradas que dificultarán un posible asalto. El depósito de agua, con el plan de racionamiento que hemos diseñado, puede abastecernos durante tres meses. Hemos organizado la comida de forma que vayamos consumiendo primero los productos más perecederos y dejando para el final los que pueden almacenarse, con esto tendremos garantizada suficiente alimentación para dos meses, y dispondremos de otro mes más comiéndonos los caballos de la tropa.»

Satisfechos por el descomunal esfuerzo logístico y estratégico desplegado, los generales esperaban una felicitación.

Tras mantenerse en silencio durante más de un minuto, el mandarín se levantó, salió de la sala y se dirigió hasta el cañón. Mandó al artillero que lo cargara y apuntara directamente al depósito de agua. Seguidamente encendió la mecha e hizo saltar por los aires la única reserva de agua disponible. Volvió a la sala de reuniones y dijo:

—«Bien caballeros, tenemos agua para dos días, esta tarde quiero ver el plan de huida. ¿Para qué queremos un plan que sólo nos ofrece tres meses de agonía y después una muerte segura?»

Cualquier recorte de «gastos»
que disminuya la capacidad
competitiva de una empresa,
la prepara para el fracaso.

4

Mi coche no anda

Un gran ejecutivo, preocupado por una incomprensible pérdida constante de potencia de su vehículo, se dirigió a un taller especializado, a fin de dar con la pieza defectuosa que dañaba al conjunto.

Se revisó la transmisión, la inyección, la dirección asistida o lo que es lo mismo: el departamento financiero, el comercial, el de producción, etcétera, etcétera y todos ellos daban muestras de un relativo y extraño desgaste. Parecía como si no les apeteciera rendir. Técnicamente hablando, todos podían funcionar de manera correcta analizados de forma individual, pero efectivamente el coche no andaba bien.

Ante la insistencia del propietario, todo el equipo de especialistas buscó incansablemente el «punto catastrófico», desde las ruedas hasta el maletero, desde la telefonista hasta el jefe de ventas, sin hallar deficiencia suficientemente grave que justificara el problema.

Finalmente tuvieron que llamar a Mariano, un viejo mecánico formado a base de experiencia, que accedió a echar un vistazo a pesar de que oficialmente ya disfrutaba de su jubilación anticipada. Tras darse una vuelta con el coche y tocar un par de cosas, dio sus conclusiones al jefe de taller:

—«Ya está detectado el problema.»

Viendo el cielo abierto corrieron a llamar al directivo para darle la buena nueva. Una vez en el despacho del director y después de invitarle a un café, el gerente del concesionario hizo entrar orgulloso a Mariano para que comentara directamente su diagnóstico.

Mariano, hombre sencillo donde los hubiera, pasó a la gran sala y observando las ávidas miradas de sus interlocutores se aprestó a decir, mientras se limpiaba sus manchadas manos con un trozo de tela:

—«El coche está bien, lo que falla es el conductor.»

—«¡Pero oiga!, ¿cómo se atreve?», saltó enseguida el propietario.

—«No, si no digo que haya que cambiarle a usted, simplemente le sugiero que modifique su forma de conducir, y ya verá los resultados. Tiene usted un vehículo de primera, sólo de usted depende obtener el máximo de él.»

¿Es posible que en España haya actualmente empresas, digo coches, que sólo necesiten un cambio tan «simple» como éste? ¿Realmente alguien puede pensar que exista tanta gente «mala» en las empresas? ¿No será que el conductor no ha sabido adaptarse a los nuevos tiempos? ¿No podría ser que el conductor no sepa transmitir la fe necesaria en su equipo? ¿No será cuestión de dar una oportunidad a cada pieza para que demuestre su valía a su manera, en vez de maniatarlas forzándolas a actuar de la nuestra? ¿No será un asunto tan básico como tratar y dirigir mejor a las personas?

> ¿Realmente alguien puede pensar que exista tanta gente incompetente y decaída en las empresas? ¿No será un asunto tan básico como tratar y dirigir mejor a las personas?

Cuando la empresa empieza a «no andar», ¿no deberíamos los directivos empezar a buscar el posible problema mirándonos al espejo?

Si este es su caso y está dispuesto a cambiar, ¡enhorabuena!, ya ha dado el primer paso para recuperar toda la potencia de su coche, digo, de su equipo. El cambio debe empezar siempre por uno mismo, y ese es el verdadero compromiso del líder que desea superarse: cambiar una y otra vez buscando la combinación perfecta para cada situación.

> El cambio debe empezar siempre por uno mismo. Lo que hoy nos vale para subir, mañana puede suponer la razón de nuestro descenso.

Como dijo Heráclito: «El camino de subida y de bajada son el mismo». Por ello lo que hoy nos vale para subir, mañana puede suponer la razón de nuestro vertiginoso descenso. Una vez alcanzado un estadio superior, para seguir ascendiendo hay que buscar un nuevo camino, una nueva forma de hacer, un nuevo organigrama, una nueva estrategia, un nuevo sistema de retribución, un nuevo cambio, pues lo más seguro es que seguir conduciendo como siempre ya no produzca los resultados deseados.

> Mejore en la dirección de personas
> y seguro que mejorarán sus resultados.

5

¿Caduca el talento a los cincuenta?

En muchas empresas se ve cómo se ponen en marcha planes para la gestión del conocimiento, y sistemas para la gestión del talento. Sin embargo, en paralelo con estas políticas se realizan planes de reducción de plantilla, o de rejuvenecimiento, basados mayoritariamente en prejubilaciones, en unos casos a partir de los 57, en otros desde los 54 años, e incluso desde menos.

Lo malo de estos sistemas es que se suelen aplicar por el método de la tabla rasa, es decir, todos los que cumplan tal edad, a prejubilar, estén donde estén y tengan el talento o los conocimientos que tengan. Ante esto surge una gran duda: ¿será que caduca el talento a los cincuenta y tantos?, pues no lo sabía.

Una de las definiciones que se han dado del talento profesional lo define como «el uso inteligente de la inteligencia», y se podría matizar añadiendo que es: «el ejercicio inteligente y eficaz de los conocimientos, la experiencia y los comportamientos en el desempeño profesional».

> El talento es el ejercicio
> inteligente y eficaz de los
> conocimientos, la experiencia
> y los comportamientos.

Los cincuentones constituyen un colectivo de profesionales con un alto grado de conocimientos, indiscutiblemente con más experiencia y en algunos casos con un acertado comportamiento. ¿Por qué desperdiciar semejante recurso? Si bien un grupo importante de los profesionales de más edad puede que ya no aporten lo suficiente para compensar su mayor retribución, es decir, ya no son competitivos frente a jóvenes con menos conocimientos, experiencia y criterio en los comportamientos pero a un coste mucho menor, hay otros muchos veteranos que ofrecen un valor difícil de sustituir por personal más joven.

Además la edad vital no guarda relación con la cronológica. Todos conocemos a personas de treinta y cuarenta años que son ancianos mentales, que más valdría que se echaran a un lado y dejaran paso a los que aún quieren empujar el carro. Igualmente nos topamos continuamente con personas de más de 60 años plenamente operativas, entusiastas y capaces de aportar a la empresa un 300% más de rendimiento eficaz que el de un júnior.

La falta de creatividad para ofrecer alternativas en estos casos es algo preocupante. ¿Cómo aprovechar todo ese talento, esos conocimientos, esa experiencia, esa forma de ac-

tuar, logrando además reducciones de costes y rejuvenecimiento de la empresa?

Hará algo más de un año una importante empresa del
sector de la construcción realizaba un ajuste de plantilla, y
entre sus acciones lógicamente contemplaba una política de
prejubilaciones. Uno de los afectados propuso una idea que
demuestra que, si se buscan, existen alternativas. El caso es
que el éxito de una obra, en todos los sentidos y particularmente en el financiero, tiene mucho que ver con el planteamiento. El talento aplicado al planteamiento de obras, al
estudio minucioso del proyecto, puede suponer una inyección de rentabilidad descomunal en un sector en el que la
experiencia y los conocimientos, bien aportados y dirigidos, ahorran multitud de problemas. La idea propuesta por
el directivo próximo a la prejubilación, pero con unas ganas ejemplares de seguir aportando a la empresa, era crear
lo que él llamó un «comité de expertos», un grupo de profesionales cualificados de entre los prejubilables que —se-
leccionados por la propia empresa y con un contrato de colaboración— se dedicarían en exclusiva a analizar todo
proyecto que se planteara la constructora. De esta forma la
prejubilación salía mucho más barata a la empresa, puesto
que los afectados estaban dispuestos a reducir sus preten-
siones económicas con tal de seguir en activo, y además seguían produciendo y aportando su talento.

Otra de las fórmulas que he oído plantear es hacer dos
tipos de prejubilación. Una, como hasta ahora, para el personal que ya ha quedado desfasado y poco puede aportar
ya, y otra para los «prejubilables» con talento. Con estos
últimos se haría un plan de salidas que incluya un período

de permanencia al 50% en la empresa. Período dedicado fundamentalmente a la formación y apoyo de los nuevos elementos que se incorporen a puestos claves.

Algo semejante ocurrió en una empresa con un gran departamento comercial que tenía por costumbre jubilar a los delegados a determinada edad. En ese sector, como en tantos, la relación personal entre el delegado y el cliente era una de las bases del éxito comercial, y por eso los nuevos delegados pasaban un pequeño período acompañando al delegado saliente para que éste les presentara a los clientes principales. Lógicamente eso no era en absoluto suficiente para mantener el alto grado de relación e implicación delegado-cliente que había logrado el anterior. Así que decidieron aplicar algo diferente. Los delegados más válidos no se jubilarían sin más. Pasaban a una especie de «reserva» de forma que técnicamente se jubilaran pero de cara al cliente seguían en colaboración directa con la delegación. Por una cantidad perfectamente asumible, se comprometían encantados en seguir asesorando en la atención de ciertas cuentas, incluso asistiendo a las reuniones importantes con el cliente o bien solucionando problemas en los que la experiencia con el cliente era fundamental. De esta forma, el entrante se sentía totalmente respaldado y disponía de dos años para hacerse con su zona, con un «gregario» de lujo que le aportaría los conocimientos y la experiencia de toda una vida.

Ante la necesidad de una reducción de plantilla, otra solución totalmente rompedora que se planteó una vez en una gran compañía fue la de quedarse con los mejores, tuvieran la edad que tuvieran, y apartar a los que menos aportaban, costara lo que costara. Claro que aquella decisión fue tomada por un empresario que dirigía su propia empresa, es decir, que no tenía que rendir cuentas ante ningún consejo, sino que se jugaba el futuro de su empresa y su propio dinero a largo plazo. Por ello hizo lo que el talento aconseja y las finanzas rechazan. El éxito fue rotundo. Las salidas, lejos de causar un ambiente negativo supusieron una verdadera «limpieza» de personal de bajo rendimiento que todos comprendían (y consta que en algún caso hasta aplaudieron). El grupo superviviente pronto alcanzó altas cotas de rendimiento que compensó sobradamente el mayor esfuerzo económico a corto que supuso plantear la reestructuración de esa forma. Hoy han duplicado plantilla, siguen viento en popa y la rotación de personal cualificado es casi inexistente, pues aquella demostración de fidelidad de la empresa hacia los que más la merecían ha calado hondo entre el grupo de élite.

> La mejor idea rara vez
> es la primera.

Si usted está entre los que creen que el talento no caduca, le invito a encontrar formas creativas para mantener el máximo nivel de ese talento en su empresa, y no desperdiciar uno de los recursos más valiosos por ahorrar el chocolate del loro. Pero, ¡ojo!, que nadie se confunda, ¡la antigüedad ya no es un grado! El talento, el rendimiento, la eficacia profesional sí, y por ello los veteranos que sepan obtener provecho y emplear adecuadamente su experiencia pueden suponer una gran ventaja competitiva frente a los más jóvenes, y compensar sobradamente su diferencia salarial. Pero aquél que piense que basta con aquello de: «Más sabe el diablo por viejo que por diablo», se quedará fuera. De poco sirve el conocimiento de la veteranía si no es acompañado por unas actitudes y comportamientos adecuados, que lo transformen en rendimiento eficaz.

Cada vez parece más evidente que en un futuro no tan lejano, las jubilaciones deberán retrasarse de nuevo hasta los 65 y los contratos a tiempo parcial serán algo cotidiano. A tiempo estamos de probar y encontrar fórmulas mixtas que conjuguen con eficacia la aportación del talento, el ahorro de costes y el relevo generacional. Y aquí debemos recordar que la mejor idea rara vez es la primera, habrá que probar fórmulas, descartar unas y evolucionar otras, hasta dar con nuevos esquemas que hoy posiblemente sean inimaginables. Pero nunca llegaremos a ese punto si HOY no empezamos dando los primeros pasos.

> Nunca llegaremos a ningún sitio
> si HOY no empezamos dando
> los primeros pasos.

Por ejemplo, entre el próximo grupo de profesionales que estén a las puertas de la prejubilación en su empresa, se podría hacer una selección de aquellos que se considera que aún pueden aportar mucho y ¿por qué no preguntarles directamente si se les ocurre alguna forma para seguir colaborando y no prescindir de inmediato de su torrente de talento? ¿Qué podemos perder por preguntar? ¿Y si alguno hace una propuesta inteligente?

> Ante la necesidad de una reducción de plantilla, la opción ganadora es apartar a los que menos valor aportan, y quedarse con los mejores, tengan la edad que tengan.

6

Mis clones

Cuentan de un jefe, un tal señor Bos, que decidió transformar a su equipo en clones suyos, para no tener que estar tan pendiente de ellos, mejorar la sintonía y dejar de sufrir sus innumerables carencias. Así que llevó a sus cuatro colaboradores directos a visitar al doctor Frankest, director de la única clínica especializada en ello, para que los cambiara.

Clon-1 era su secretario, seguro que ahora sabría entender las prioridades sin problemas, además tendría sus mismos criterios de calidad de trabajo, redacción, etcétera. Clon-2 y Clon-3 eran jefes de departamento, y estaba claro que ahora entenderían sus órdenes a la primera y sabrían cómo trasladarlas al resto. Clon-4 se encargaba del área de producto, y con este cambio sería mucho más fácil lanzar nuevos precios, campañas y políticas comerciales, ya que compartirían estilos y estrategias.

Todo parecía idóneo para el directivo, y empezaron a trabajar en este nuevo entorno ideal. Pero a las pocas semanas Clon-1 pidió hablar con su jefe:

—«Oye, verás, me marcho de la empresa.»

—«Pero ¿qué me dices?, ¡me dejas tirado y en plena temporada!»

—«Lo siento, pero no veo futuro para mí aquí, y este puesto se me queda corto. Soy ambicioso, deseo progresar y aquí no hay recorrido para mí.»

Bos se quedó compuesto y sin secretario. Claro, poner a un clon suyo en un puesto de ese nivel era un error, debió haberse dado cuenta antes. Si todos en la empresa fueran súper emprendedores, con enorme iniciativa y ambición ¿quién quedaría para hacer el trabajo de base? Al menos consiguió que se quedara unos días más para poder pensar hasta entonces cómo resolver el tema.

Clon-2 estaba furioso y llamó al jefe:

—«Oye, esto no puede seguir así. O explicas bien tus decisiones o me largo, estoy harto de que un día digas una cosa y otro día otra. Si no me dedicas más tiempo y más atención no cuentes conmigo, a mí no me van las tonterías y esto es un descontrol.»

Claro, era un tipo duro, no tragaba fácilmente con decisiones mal planteadas. Últimamente había mucha presión desde arriba y eso había obligado a Bos a tomar muchas decisiones descuidando la comunicación. Clon-2 no era tan cómodo de tratar como su predecesor, era protestón y tenía bastante genio. El carácter del anterior era más dócil y sabía entender mejor las dificultades que entrañan los cambios del día a día.

Clon-3 pronto se sumó a las reivindicaciones y le plantó cara al jefe:

—«Oye, tengo todos estos problemas y no hay respuesta por tu parte, sabes que hago todo lo que debo, pero si no cuento con los medios adecuados no hay manera. No puede ser que estés siempre echando broncas por las cifras y nunca estés para echar una mano. Si esto sigue así me marcho.»

Bos estaba agobiado. Su nuevo equipo le dejaba muy poco margen de error, eran peleones, le devolvían el problema a la primera. Los anteriores jefes de departamento no eran muy brillantes, pero al menos proponían soluciones y sabían buscarse la vida, aunque algunas veces metían la pata. Los clones resultaban más «cañeros» y aunque podían tener razón en algunas cosas, ciertamente les perdían sus formas, porque siempre hablaban de manera negativa y criticando.

Por su parte, Clon-4 empezaba a salirse del tiesto. Era muy cabezota y cada vez que discutía un plan de acción con el jefe, más que una reunión parecía una pelea de gallos. Le costaba dejarse aconsejar y mantenía sus criterios a rajatabla. Bos estaba empezando a tener serios problemas de actitud con él. Una cosa era tener una idea clara y otra cerrarse en banda. Para su sorpresa, la última vez le dijo:

—«Jefe, tú harás lo que quieras, pero para lanzar el nuevo producto hay que hacerlo de esta forma. Te empeñas en tener siempre la razón y no hay quien hable contigo. Si esto sigue así me marcharé.»

El anterior responsable de producto pecaba de blandito, pero eso sí, tenía ideas y conocía bien el negocio. En cuanto el jefe le achuchaba con sus propias ideas, solía retraerse y se perdían sus mejores propuestas, pero siempre estaba ahí, dispuesto a participar de nuevo en el siguiente proyecto.

Bos ya no podía más, y tras reflexionar sobre lo sucedido fue a ver al doctor Frankest y le hizo partícipe de sus pensamientos:

—«Doctor, quiero que me devuelva a los de antes, esto no ha salido como yo esperaba.»

—«¿Pero no decía usted que eran muy flojos?»

—«Sí, pero ahora he descubierto algo diferente y deseo rectificar, quiero volver a tener gente "normal".»

—«¿Qué pasa?, ¿que prefiere volver a trabajar con un equipo más débil?»

—«No... verá usted, lo que ocurre es que he descubierto que el flojo era yo. ¡No aguanto a mis clones! Le ruego que me devuelva al equipo original. Ahora sé que si cuento más con ellos y aprendo a dirigirlos mejor podremos alcanzar lo que nos propongamos.»

> Si cuento más con mi equipo y aprendo
> a dirigirlos mejor podremos alcanzar
> lo que nos propongamos.

Tras devolver a todos su personalidad anterior, el doctor se despidió del señor Bos con un apretón de manos, y le dio un pequeño sobre cerrado para que lo leyera a la mañana siguiente. En él encontró unas notas escritas a mano:

—«El sueño de muchos jefes ha sido multiplicarse y tener un equipo compuesto por clones nuestros. Pero como usted también ha descubierto eso nunca solucionará el verdadero problema. Necesitamos la diversidad para ser más creativos. Necesitamos gente de diversos niveles y perfiles, porque tenemos que cubrir puestos de diferentes niveles y perfiles.

> Necesitamos gente de diversos niveles
> y perfiles, porque tenemos que cubrir
> puestos de diferentes niveles y perfiles.

Lo importante no es que todos sean como uno, sino que cada uno sea el adecuado para su función y que todos estén bien coordinados, motivados y dirigidos. Y para hacer esto bien, querido amigo, los que debemos cambiar somos nosotros.»

7

¿Por qué juegan al golf los directivos?

¿Se han parado a pensar por qué hay tantos directivos que juegan al golf? ¿Qué tiene este deporte para acaparar tanto la atención? ¿Acaso su práctica tiene similitudes con el día a día del ejecutivo?

Pues sí, y más de las que cabría pensar. Empecemos por las bases: un buen golfista, para ejecutar un golpe, comienza por pararse a pensar.

Lo primero es tener claro el objetivo, dónde quiere mandar la bola. Igual que un directivo lo primero que debe tener claro antes de emprender algo es cuál es su objetivo, qué pretende con esa acción.

Una vez decidido el objetivo, tendremos que valorar los peligros y riesgos del tiro para estudiar la trayectoria y después elegir el palo adecuado. De los 14 palos que contiene una bolsa de golf, tendremos que tomar uno de ellos, ése que nos ayudará a obtener el mejor resultado según las circunstancias. Igualmente todo directivo debe elegir de entre sus recursos disponibles (humanos y materiales), aquellos que le ayudarán a llegar al objetivo.

Una vez decidido esto hay que colocarse adecuadamente (*stance*) y coger el palo como mandan los cánones (*grip*),

EL PEZ QUE NO QUISO EVOLUCIONAR

esto es esencial para poder apuntar y dar el golpe con unas mínimas garantías de éxito. Es decir, que hay que prepararse antes de golpear, igual que un buen directivo siempre debe prepararse bien antes de actuar si quiere tener alguna oportunidad de éxito. ¿Cuántas veces se falla un golpe por no haber apuntado bien, por precipitarse en la colocación o descuidar el *grip*? Y, ¿cuántas veces hemos «fallado» en una reunión, en una decisión o en una negociación, por precipitarnos o por no haber preparado bien lo básico?

Sigamos, una vez decidido el objetivo y los medios, y haber realizado la preparación básica previa, tenemos que pasar a la acción, realizar el *swing*, y éste empieza con la elevación del palo (*backswing*). A pesar de que nuestra mente ha dado instrucciones precisas a todos los elementos que intervendrán en la ejecución de la decisión, o sea, del golpe, las probabilidades de que la cadera, el pie derecho, las muñecas, las manos, los hombros y la cabeza hagan con total corrección su papel y en el momento adecuado son mínimas. Igual ocurre en todos los elementos que participarán en la realización del proyecto decidido, es muy probable que alguno se descoordine, y eche al traste el resultado de todo el conjunto.

Lo triste es que la mayoría de las veces lo que provoca el desacierto es el ansia por ver el resultado. El fallo más común entre golfistas es levantar la cabeza antes de tiempo, para observar rápidamente cuál ha sido el resultado. Esta precipitación conlleva una reacción en cadena: la cabeza se alza ligeramente unas décimas de segundo antes de lo debido, y con ella los hombros, esto hace que el golpe a la bola difícilmente sea con el centro de la cara del palo, y el desastre está servido. Los directivos también nos precipitamos a menudo por la presión y nuestra ansia por ver los resultados, y estropeamos el trabajo de muchos. En vez de saber esperar que las cosas se ejecuten como se debe y recoger después los frutos.

Con esto llegamos a la importancia que el cambio de comportamientos tiene en común en ambas disciplinas. Por muchos conocimientos que uno acumule, ya sea en libros o en cursos, no se logrará avance alguno si a la hora de ponerse frente a la bola se sigue haciendo lo de siempre. Se trata de cambiar la forma de hacerlo, incluso más difícil, se trata de corregir hábitos y vicios adquiridos, y eso sólo se puede hacer con la experiencia práctica consciente, base fundamental de las metodologías de desarrollo de comportamientos. Si no cambiamos, si no mejoramos la forma de conjugar todos los elementos del *swing* y el juego, es mucho más difícil hacerlo correctamente. Así en el campo de prácticas, y si es preciso con ayuda externa, se engranan los diversos elementos del golf para que luego, en el momento clave, se conjunten mágicamente. Por eso los ejecutivos y mandos también precisan del desarrollo del comportamiento directivo, pues si dirigen simplemente con su «*swing* personal», sin desarrollarlo, seguro que aun logrando buenos resultados, derrocharán esfuerzos, no obtendrán el verdadero potencial de su equipo, perderán mucho talento y tendrán muchas dificultades para mejorar su *handicap*, o lo que es lo mismo, llegar a un alto nivel. Eso sí, en el golf si uno lo desea puede ser «malo» de por vida y no pasa nada, pero en la dirección no se admiten a los mediocres. O llegas a ser suficientemente bueno o te quedas fuera.

> # En el mundo profesional,
> ## o llegas a ser suficientemente bueno
> ## o te quedas fuera.

Una vez superada esta fase de formación y reeducación, que para los buenos no acaba nunca (¿imaginan que Sergio García dijera: «Como ya he ganado varios campeonatos ya no me hace falta entrenar más, ni corregir nada de mi forma de jugar?»), nos encontramos con un alto potencial para dar correctamente a la bola. ¿Ya está todo? ¡Qué va! Esto no ha hecho más que empezar. Pronto comprobaremos que muchas veces, a pesar de realizar un golpe soberbio, la situación final de la bola es justo la más..., cómo diría yo..., ¿la más inconveniente?, o mejor dicho ¡la más puñetera! Pues justo el último bote la hizo rodar de forma que la ramita de turno hace imposible el tiro a *green*. Pero no hay que desesperarse, por la misma regla del destino, muchas veces golpes más que regulares acaban con resultados sorprendentemente buenos.

Ahora, conviene no engañarse, al final si juegas bien, si realizas correctamente todos los pasos, acabas obteniendo gratificantes resultados, es decir, 4 o 5 hoyos para disfrutar de verdad, otra media docena de golpes que te embargan de emoción, y todo el resto del campo para enfadarte contigo mismo, con tus palos, con la pelota (¿qué culpa tendrá?), con la ramita, y con el señor que inventó los búnker, al que por cierto acabaron mandando a galeras (bueno, no es cierto, pero a menudo me reconforta imaginar que así fue).

La vida del directivo se asemeja más de lo que podría parecer a simple vista con el maldito juego del golf, pues también aquí, cuando haces bien las cosas es más probable que al final acabes con buenos resultados, pero seguro que en el camino encontraremos mil variantes que minarán nuestra moral, que generarán frustración, ¡vamos!, que nos harán disfrutar de verdad y saber apreciar en todo su valor cuando por fin logremos rebajar en un solo golpe la tarjeta, o realizar ese *birdie*, o ese par en el hoyo imposible, que hasta ahora siempre se nos había resistido. Igual que cuando logremos por fin que salga adelante esa línea de negocio que tanto trabajo costó.

Vemos entonces una coincidencia más entre la dirección y el golf, está claro que ambas actividades son para masoquistas espirituales insaciables.

Conducirse por el centro de la calle (*fairway*), y evitar la hierba alta de los laterales (*rough*) siempre es una garantía de éxito. Tratar de solucionar un error con un arriesgado golpe imposible, las más de las veces, logra un efecto aún peor. Saber dar a tiempo un golpe de recuperación que nos permite volver a la calle es una virtud que pocos logran tener.

Eso nos lleva a otra similitud entre golf y dirección, y es que ambas áreas pueden aplicarse como lema el dicho de: «Falla por malo, pero no por burro».

> Fracasar por no haber hecho bien
> lo básico es un error personal
> e intransferible: falla porque es difícil,
> pero no por burro.

Cuántas veces en el campo hacemos un tiro tratando de pasar entre 4 árboles, soñando con atravesar una gigantesca encina, sabiendo además que aun así lo máximo que podríamos obtener es tragarnos el descomunal búnker de la entrada a *green*. Y lo curioso es que cuando la bola da en el árbol (porque da, como es lógico) exclamamos al cielo gritando «¡qué mala suerte, casi pasa!» A esto es lo que llamo fallar por burro, que si bien en el golf no es grave, pues no deja de ser un juego, en dirección es absolutamente imperdonable. A pesar de colocarnos bien, elegir el palo adecuado, hacer el *swing*, etcétera, muchas veces fallaremos el golpe, pues conviene recordar que no es tan fácil, aunque son fallos que entran dentro de lo natural. Jugando así, con armonía y concentración, a la larga haremos más aciertos, pero fallar por no haber hecho bien lo básico, fallar por burro, eso es un error personal e intransferible.

El golf está lleno de pasos muy simples: sujetar un palo, girar la cadera, mantener estirado un brazo, no mover la cabeza, dejar un pie quieto o volver con suavidad el cuerpo a su posición tras un giro. Vamos, que cada cosa está al alcance de cualquiera, sin embargo, la sutil y precisa coordinación de todos estos elementos es terriblemente compleja.

También en la dirección hablar a los demás, concretar, supervisar, felicitar, amonestar, reunirse, acordar, imaginar, etcétera, pueden parecer una serie de elementos que aisladamente no ofrecen dificultad, pero en el día a día debemos combinar y ejecutar todos estos pasos con la misma compleja coordinación, sutileza y precisión.

¿Comprenden ahora por qué tantos directivos hemos caído bajo el influjo de la pelotita? Si no lo han probado aún, anímense, disfrutarán sufriendo una barbaridad, y si ya lo conocen, seguro que comprenderán perfectamente de qué estoy hablando.

> El triunfo no es una cuestión de suerte. Si se realizan correctamente todos los pasos, se acaban obteniendo gratificantes resultados.

8

Movilizar e influir en las personas, cuestión de ritmo

En la empresa hay dos grandes colectivos que viven para poner en marcha a los demás: los directivos y los vendedores.

En los tiempos que corren, la dirección de equipos se podría comparar con la dirección de una orquesta. Curiosamente el director de orquesta, máximo responsable de que suene la música adecuada en cada momento y del cumplimiento de los objetivos, no toca ni un solo instrumento, sin embargo, es el que logra hacer sonar el conjunto con perfecta sincronización.

La flexibilidad y adaptación al entorno es fundamental en el directivo actual, que debe tener una capacidad especial para decidir qué debe sonar en cada instante: ahora más cuerda, ahora más viento, ahora percusión, ahora reducción de costes, ahora captación de nueva clientela, ahora renovación de productos…

Eso sí, tiene que atenerse a ciertas reglas estrictas que exigen las circunstancias externas e internas, la propia cultura empresarial, el entorno, las estrategias generales, etc., que prácticamente imponen unas partituras concretas.

Pero no debe ser un esclavo de esa partitura, debe ser capaz de maniobrar en el escaso margen de autonomía que ofrece cada situación y, sobre todo, debe sincronizar armoniosamente la participación de cada instrumento para que, de todos unidos, surja una hermosa sinfonía y no una serie de acordes inconexos. Debe ejercer su influencia para que se sienta y se note la diferencia, logrando ese sonido mágico que sólo los grandes maestros saben crear.

Esa es su misión y su labor día a día. Lograr conjuntar el sonido de otros. Como dijo un gran maestro: «La misión del director es CREAR LAS CIRCUNSTANCIAS PARA QUE LA MÚSICA TRIUNFE». Ahora bien, no es posible dirigir sin una planificación ni unos esquemas organizativos concretos, es decir, la partitura. El director de orquesta no es el músico que creó la obra, es el que logra transformar las ideas del papel en sonido.

> La misión del director es crear
> las circunstancias para que el equipo
> y el proyecto triunfen.

El directivo no puede estar improvisando sobre la nada, sino sobre unos parámetros determinados. Es decir, tiene la libertad para cambiar de partitura en un momento dado, para adaptarla, para interpretarla a su modo, pero no es posible dirigir con éxito, al máximo nivel, sin partitura, sin parámetros, notas, estructuras y sin ciertas reglas.

En la venta la situación cambia radicalmente. El vendedor es el gran experto de un instrumento concreto, que conoce y domina a la perfección. Ese instrumento son sus capacidades personales para el trato comercial y todo vendedor tiene las suyas propias, unos el saxo, otros la trompeta, el piano o el xilófono, la capacidad de escuchar, de hablar, de saber callarse a tiempo o de negociar al límite, del tira y afloja, cada uno tiene su fuerte en ciertas habilidades.

En este caso sí toca él mismo, pero hay algo más. El vendedor no se atiene a una partitura, desde que entra por la puerta del cliente debe marcar un ritmo, esperar la respuesta y «engancharse» con el *tempo* que emane el cliente para poder dirigir la actuación.

La venta es puro jazz. El virtuosismo del vendedor debe ser de tal calidad que le permita improvisar y adaptarse, sacando lo mejor de sus propias capacidades según van surgiendo los compases inesperados que aporta cada situación. Debe lograr marcar y mantener un ritmo sugerente al que el cliente desee unirse y ser capaz de sumarse con habilidad cuando se encuentre con un cambio de ritmo inesperado.

Claro que improvisar así sólo es factible partiendo de una técnica tan depurada que nos dé libertad absoluta, sabiendo que lo que hagamos seguro que estará dentro de lo ortodoxo sin tener que estar pendiente de ello. Para permitirse el lujo de prescindir de ella y situarse sobre la marcha se debe ser un artista de la partitura.

Muchos directivos fracasan por tratar de imponer permanentemente el jazz en la dirección, haciendo que todo el equipo se desoriente tratando de seguir un ritmo sin directriz que no llegan a comprender. Muchos vendedores fracasan por empeñarse en acudir frente al cliente con una partitura prediseñada, viéndose impotentes en cuanto el cliente varía el compás sobre la marcha.

> Muchos directivos fracasan por tratar de imponer un ritmo sin directriz que desorienta al equipo.

Claro que nada es blanco o negro y la dirección actual necesita, de vez en cuando, adaptarse a una situación repentina a ritmo de jazz, igual que todo vendedor tiene una parte que debe aprender sobre la partitura, como la descripción técnica del producto, las condiciones de pago o los términos de la garantía.

Además, en la actualidad crece una nueva variante. Ahora el directivo ya no está fuera, delante. En las estructuras más planas de hoy la mayoría tiene que formar parte activa de la acción, toca también un instrumento, vende como uno más, «curra» como uno más, y hasta hace sus propias fotocopias. Estamos yendo hacia un esquema más parecido al de un quinteto. El director no sólo coordina, sino que, además, toca su instrumento. Esto eleva la dificultad de la dirección, ya que debe compaginar la habilidad y el tiempo de dirigir al equipo con la propia actividad que le compete.

Movilizar o influir en las personas es, por tanto, una cuestión de marcar y mantener un ritmo, y cada uno debe saber ejercer su misión, ya sea con la batuta en la mano di-

rigiendo una gran orquesta, disfrutando de una perfecta armonía, o en la frescura instantánea del jazz, generando una
venta.

> Movilizar a las personas
> es una cuestión de marcar
> y mantener el ritmo adecuado.

9

La antigüedad no es un grado

Si bien he escrito antes sobre el valor de la experiencia y la importancia de mantener a los veteranos con talento. Y he cuestionado las prejubilaciones con el método de la tabla rasa tipo: «A los cincuenta y cinco, fuera». ¡Cuidado, que nadie se equivoque!: la antigüedad por sí misma no es un grado.

El entorno competitivo en el que nos ha tocado vivir tiene, como todo en la vida, su lado malo y su lado bueno. Malo en cuanto a que no vale bajar el listón, a que los méritos del pasado tienen poco valor en el presente y nunca se pueden bajar los brazos. Bueno porque eso ofrece oportunidades continuas a los buenos, porque se aprecia a los que aportan valor al proyecto de la empresa, independientemente de edades, sexos, situaciones familiares.

> El aprecio es para los que aportan valor al proyecto de la empresa.

Algo que leí recientemente me sugirió esta historia, que bien podría ser una fábula válida para más de uno que aún no comprende las consecuencias de ambas caras de la moneda.

Un empleado con muchos años en una importante empresa de conservas se acercó al dueño y le dijo:

—«Señor García, quería comentarle un tema que creo que no es justo. Se nos ha anunciado una reestructuración y ¿por qué Ana, que lleva poco más de un año en la empresa gana ya más que yo, si tenemos un puesto equivalente y yo llevo casi veinte años aquí? Considero que es un error.»

> La antigüedad no es un grado.
> El talento, el rendimiento
> y la eficacia profesional, sí.

El dueño le miró unos segundos sin responder, alzó la vista y tras mirar por la ventana de su despacho le dijo:

—«¿Ves ese barco que está llegando al puerto? Acérquese y hable con ellos, por si tienen algo que nos interese.»

Una hora más tarde el empleado regresó:

—«He hablado con uno de los marineros y me ha dicho que tienen la bodega llena y están de regreso a su lugar de origen, aquí sólo van a hacer una parada para repostar.»

García le contestó:

—«Vaya y entérese si estarían dispuestos a vender su carga.»

Unos minutos más tarde el leal empleado volvió de nuevo.

—«Lo veo difícil, me ha dicho que tienen un comprador en su pueblo y que paga muy bien.»

El dueño le comentó:

—«Entérese cuál es la oferta que tienen y por cuánto estarían dispuestos a vender.»

—«Bien, lo intentaré, pero tendrá que ser después de comer, porque se marchaban ya a la cantina.»

Esa misma tarde el empleado volvió y le trajo a García nueva información.

—«Dice que se lo compran a veinte, y que consideran que es un buen precio. Si queremos la mercancía tendríamos que mejorar la oferta.»

—«Bien, y ¿tú cuál crees que sería una buena oferta?», le preguntó García.

—«Yo les ofrecería veintitrés de entrada, y a partir de ahí entraría en el tira y afloja de siempre, pero en ningún caso pasaría la oferta final de veintiséis. De todas formas no les veo muy receptivos, ya sabe, no son de los habituales de este puerto y eso se nota.»

—«¿Te atreves a intentar cerrar un trato con ellos?»

—«Hombre, señor García, atreverme por supuesto. Mañana a primera hora me acerco a negociar con ellos, si aún están aquí, porque tienen mucha prisa en volver a su casa.»

El dueño le pide al empleado que se siente y sin decirle nada más manda llamar a Ana, que empezó a trabajar en la empresa al quedarse viuda, tras el naufragio del barco pesquero del que su marido era el capitán.

—«Ana, ¿ves ese barco amarrado en el puerto?, acércate y habla con ellos, por si tienen algo que nos interese.»

Ana salió del despacho y el empleado replicó:

—«Jefe, si ya lo he hecho yo, ¿para qué manda otra vez a Ana?», el dueño le hizo callar con un gesto, indicándole que esperara. Poco más de media hora más tarde regresó Ana, y le dijo:

—«Tienen las bodegas llenas, me empeñé en hablar con el capitán y me ha dicho que vuelven a puerto, que sólo han parado para repostar. Le he preguntado que a cuanto se lo compran, y me ha dicho que tienen un comprador en su pueblo que lo paga a veinte. Como querían cenar temprano para madrugar y zarpar al amanecer, les he llevado al Mesón del Ancla, que no lo conocían y está mucho mejor que la cantina. Allí mientras pedían, le he igualado la oferta, y le he dicho que le compramos su pesca manteniendo los veinte, lo descargamos todo esta misma noche, y así mañana parten con las bodegas vacías, con lo que podrán llegar un día antes a casa, sin tener que ocuparse de la venta y además ahorrando combustible. Me ha dicho que si cerramos el asunto antes de que se acuesten, que vale. De regreso he hablado con los muchachos de la lonja, y me dicen que podrían tener una cuadrilla para descargar el barco esta misma noche. Creo que es un buen negocio, y me ha dicho el capitán que si todo sale bien, estarían dispuestos a traer aquí su mercancía a partir de ahora, porque este puerto les viene mucho mejor para su ruta. ¿Está bien, jefe?»

El dueño miró al empleado una sola vez, giró su cabeza y le dijo a Ana:

—«Buen trabajo, se nota que conoces bien a los marineros. Dile a los chicos que descarguen y al capitán que yo mismo le acercaré el dinero, y le invitaré a una copa para charlar del futuro.»

Ana salió velozmente del despacho, y el dueño se dirigió al empleado:

—«Perdone, con este trajín he olvidado lo que me comentaba esta mañana, ¿de qué se trataba?»

El empleado, aún aturdido, tan sólo dijo:

—«Bien, señor, espero que haga valer mi antigüedad en la casa a la hora de la reestructuración.»

Y el dueño según salía por la puerta le respondió:

—«Espero que sea usted el que haga valer esos años de experiencia, su rendimiento no está en mis manos, sino en las suyas, por mi parte estaré encantado de volver a tenerle entre los mejores si así lo merece. Buenas tardes.»

> Sólo usted puede hacer valer
> sus años de experiencia.
> Su rendimiento no están en manos
> de sus jefes, sino en las suyas.

10

Sobran unos 1.006

Estamos viendo que muchas organizaciones están planteando grandes reestructuraciones. Es decir, reducciones de plantilla, para llamar a las cosas por su nombre, y eso me ha hecho recordar el viejo chiste de los indios, pero reciclado para esta nueva situación.

Había un presidente que ante la difícil situación que vive la gran compañía que dirige, le encargó a una consultora de alto prestigio que estudiara una reducción de plantilla que pudiera hacer viable el futuro. Tras unos meses de investigación por todos los departamentos de la empresa, el consultor sénior responsable del proyecto presentó sus conclusiones ante el comité de dirección:

—«En una primera estimación nos han salido aproximadamente... unas 1.006 personas.»

—«Querrá usted decir unas 1.000» —matizó el presidente.

—«Verá, tras el análisis hemos verificado que para dar una oportunidad seria de viabilidad a esta empresa quizá se podrían llegar a suprimir hasta unos 1.000 puestos, pero además los que sí "está clarísimo" que sobran, son ustedes seis.»

Claro que nunca habrá una consultora que muerda la mano que le da de comer, pero más de una vez esa podría ser la auténtica conclusión, la que queda guardada en los archivos secretos que el cliente nunca verá.

Tenemos ahora un claro ejemplo en el sector del automóvil, sector que en los últimos años vivió las mejores cifras de su historia en cuanto a unidades vendidas y, sin embargo, algunas multinacionales anunciaron encontrarse ante una grave crisis. ¿Exceso de plantilla? Está claro que sí, al menos de unos seis.

Casualmente, algunas de esas empresas son las mismas que llevaron una nefasta política de productos, sacando al mercado extraños modelos abocados al fracaso desde su lanzamiento. Las mismas compañías que mantuvieron sus modelos básicos sin actualizar, quedando rotundamente obsoletos sin que nadie reaccionara. Compañías que llegaron a arrastrar por los suelos una marca que llegó a ser líder. Esas mismas empresas que vivieron de espaldas al cliente y a sus propios distribuidores, que una y otra vez les gritaban que ese no era el camino.

¿Hay crisis en el mercado?, ¿y por qué no afecta a los que han hecho las cosas bien? ¿Los responsables de todas las decisiones que han llevado al fracaso a esas compañías están en la lista de los seis? o ¿han sido reciclados a nuevos puestos, a ver si con un poco de suerte acaban de hundir alguna parte de la compañía que aún aguanta?

Dentro de las obligaciones de un alto directivo está el asumir las consecuencias de sus decisiones. E igualmente los directivos intermedios no pueden limitarse a ser «mensajeros»; si las decisiones que llegan son claramente incorrectas, habrá que hacerlo saber y ofrecer alternativas.

> Cuando las decisiones que llegan
> son claramente incorrectas, habrá que
> hacerlo saber y ofrecer alternativas.

En la última etapa del siglo xx tenemos varios ejemplos modélicos por su buen hacer, como por ejemplo Renault, con una gestión desde hace varios años ante la que hay que quitarse el sombrero. Líderes indiscutibles en innovación, fueron los primeros, con su modelo Renault 21, en introducir «el gran coche al alcance de todos». En los tiempos en que la dirección asistida o los elevalunas eléctricos eran un lujo, cuando el aire acondicionado era algo excepcional y los motores de 2.000 cc sólo para los privilegiados, Renault lanzó el modelo que revolucionaría el concepto del automóvil en Europa, y a partir de entonces todas las marcas tuvieron que subir el listón de lo que hasta el momento era el concepto de coche familiar. También fue el que introdujo en Europa el monovolumen, con el Espace; fueron los creadores del exitoso nuevo nicho de los «minivolúmenes» con el Scenic, y no han parado de renovar sus modelos, de actualizar los más antiguos y de ir mejorando su imagen y prestigio a base de esfuerzo, valentía, calidad de producto y calidad comercial. Sin atajos ni locuras.

A mediados de la década de 1980 todos recordamos cómo Alfa Romeo tiró por la ventana el prestigio de su marca con su modelo Alfa 33. Consiguieron un brutal incremento de ventas a corto plazo lanzando un modelo barato y de calidad mediocre basándose en el tirón que entonces tenía la marca. Poseer un Alfa Romeo aún era un símbolo de *cuore sportivo*, pero más de quince años después todavía le costaba a esa marca, a pesar de los excelentes modelos que lanzaba, levantar cabeza y ganarse la credibilidad de un mercado que ya no perdona los errores tan fácilmente.

Los hay también que hacen bien sólo la mitad. La última reestructuración que se oyó a principios de 2001 fue de otro grupo digno de mención. Enfocado durante años en crear unos procesos internos técnicamente brillantes, combinando la alta calidad con el máximo ajuste de costes, todo era aparentemente perfecto... si no fuera porque comercialmente era inoperante. ¿Qué ocurría cuando alguien iba a comprar uno de esos magníficos coches? Literalmente le echaban al mercado durante varios meses porque seguro que no estaba disponible su modelo, ya que sus procesos eran de gran lentitud, de forma que un enorme porcentaje de clientes que deseaba comprar esa marca acabó adquiriendo otro vehículo, por supuesto de otras marcas, porque su torpeza en responder con la presteza que requiere el cliente era espeluznante. Aun así les fue bien, porque el producto era muy bueno, pero se orientaron tanto al proceso interno que olvidaron poner al cliente en el centro del objetivo. ¡Qué hubieran podido hacer si además de lo anterior hubieran orientado todo con la prioridad de ser más competitivos comercialmente! ¿Quizá, por ejemplo, evitar que después hubiera que prescindir de algunos miles de puestos de trabajo?

Cuando hay que reestructurar porque el mercado lo condiciona para la supervivencia, sea, porque lamentablemente pertenece a las reglas del juego. En esas circunstancias no se trata de eliminar a mil, sino de salvar a los diez mil que quedan. No dar ese paso supone, como hemos visto tantas veces en los casos en que no se atrevieron a actuar con firmeza y a tiempo, acabar por despedir a cinco mil y hundirse en una espiral descendente con una salida mucho más difícil. Ahora bien, plantear la reestructuración como parche de una mala gestión, por unas decisiones erróneas, eso es otra cosa. Ahí debería admitirse, pero con la fórmula de los 1.006, o mejor dicho, primero los seis, y después que el nuevo equipo decida.

¿Recuerdan a los líderes de las máquinas de escribir? En 1990 aún estaban en el mercado. ¿Dónde están esas empresas hoy? Tan sólo Olivetti actuó y se reconvirtió, lo que le ocurriera después ya nada tuvo que ver con las máquinas de escribir. Las otras dos multinacionales se esfumaron, y no será porque no tuvieron tiempo para reaccionar, simplemente se durmieron con alevosía e incompetencia. Tenían una marca poderosa y el más alto prestigio en el sector ofimático, tenían una red de distribución consolidada que necesitaba ayuda para evolucionar en el desconocido mundo informático que se avecinaba, los fabricantes de máquinas de escribir debían decidir si eran impresores, tratadores de texto o simples teclados, para reposicionar su estrategia de productos. Y entretanto, el ordenador personal llegó, arrasó y fulminó a estas dos empresas, que literalmente desaparecieron. ¿Por pura evolución tecnológica? ¡Ni hablar!, por pura inoperancia, ceguera y sordera de los que debieron tomar las decisiones claves en su momento. Por duro que suene, así fue.

> Las empresas desaparecen por pura inoperancia, ceguera y sordera de los que debieron tomar las decisiones claves en su momento.

¿Aprenderemos alguna vez? ¿Aprenderemos a aprovechar cuando las cosas van bien para preparar mejor el futuro, para evolucionar cuando hay tiempo y dinero, en vez de dormirnos en los laureles o jugar a apuestas alocadas?

Aprovecho la ocasión para hacer aquí un homenaje a los «Seis» de tantas empresas que lo hacen bien, pues eso requiere empuje, visión y atrevimiento. Y más sabiendo que todos les criticarán despiadadamente si tienen un solo error y que no les cabe esperar reconocimientos por sus aciertos. A este nivel los demás consideran que acertar es una obligación, como si los altos directivos no fueran personas de carne y hueso, con sus dudas y sus temores, como si dispusieran de una bola de cristal que facilitara las decisiones estratégicas.

Bien por los que tienen claro lo que hay que hacer para estar hoy y mañana, y ¡bravo, bravo, bravísimo! por los que además lo hacen. Pues tiene aún más valor esto último, en un mundo en el que una de las primeras leyes del comportamiento directivo marca que la peor decisión es siempre la indecisión.

La peor decisión es siempre
la indecisión.

11

Blanco

Los Creadores encomendaron a Rojo, el Gran Arquitecto, una importante misión: debía crear un mundo mejor, y para ello le dieron un cofre que contenía (así lo afirmaron), la energía esencial indispensable para tamaña gesta.

Rojo descendió al valle y se dispuso a trabajar. Primero abrió el cofre y lo que halló en él le dejó desolado. Era una simple sábana blanca

—«Tan sólo tengo un trapo en blanco», exclamó, «¿cómo pretenden que pueda crear algo con esto? De todos es sabido que para mejorar el mundo se necesita la energía de los colores y sólo dispongo de un mísero lienzo en blanco. No tengo nada, y con nada es imposible generar el poder que se necesita para cambiar. Si al menos fuera rojo sumaríamos nuestras fuerzas, pero así es inútil».

Abrumado por el reto imposible, echó sobre sus espaldas todo el trabajo, asumió que no tenía nada, y decidió afrontar la misión con sus limitadas fuerzas, las que le proporcionaba su propio color. Luchó como pudo contra toda dificultad que asomó a su paso. Él mismo trató de empezar a abrir caminos, reformar bosques, diseñar mares y acumular tierra y rocas para hacer montañas y cordilleras, pero pronto su energía se consumió, y apenas había dado los pri-

meros pasos. Rendido regresó ante el Círculo de los Creadores y manifestó su impotencia.

—«Es imposible esta tarea con la energía de un solo color. No es posible esta misión sin los medios y las ayudas
adecuadas, habéis sido injustos. He llegado hasta donde he
podido, pero es imposible hacer más.»

Tiempo, el más anciano del Círculo, le respondió:

—«No todos son capaces de ver y sacar provecho de lo
que tienen, especialmente los que no comprenden lo que
ven. A veces, el todo cobra aspectos nuevos, y sólo el talento es capaz de descubrirlo, mas esta sabiduría no está al alcance del necio.»

> No todos son capaces de ver y sacar
> provecho de lo que tienen, especialmente
> los que no comprenden lo que ven.

Ante estas palabras el orgullo de Rojo quedó herido, y
tras meditar las siempre sabias palabras de Tiempo, se dirigió de nuevo a los Creadores para pedir otra oportunidad:

—«Quizá me haya comportado como un necio, y tengáis
razón, reconozco que he querido hacer todo yo solo, en vez
de buscar la energía que necesitaba. No he confiado en lo
que tenía a mi alcance y me he dejado llevar por las primeras impresiones. Esta vez no será así, dadme tres lunas y os
ofreceré un nuevo mundo.»

Rojo regresó al punto de partida, allí donde el gran lienzo blanco le aguardaba. Esta vez, antes de lanzarse a actuar decidió reflexionar. Se sentó en una piedra frente al gran cuadrado blanco y lo miró fijamente. Así pasaron dos noches y dos días sin que hubiera novedad alguna, pero él sabía que el secreto de la fuerza necesaria para cambiar al mundo estaba ante él. Sólo debía descubrirlo.

—«No lo comprendo, no tengo nada, tan sólo una gran sábana en blanco», se atormentaba mientras buscaba la verdad.

La tercera noche no hubo luna y el valle quedó totalmente a oscuras. Rojo seguía absorto, sentado en la piedra, y fue entonces, en lo más cerrado de la noche, cuando vio la luz:

—«Dios mío, no es posible, siempre ha estado ahí, pero no sabía entenderlo.»

Al ver la tela en total oscuridad comprendió lo que realmente tenía a su alcance. No estaba ante un lienzo en blanco, sino ante un lienzo BLANCO. En la noche la sábana se volvió negra, y entonces percibió la verdadera ausencia de energía. Y cuando llegó el amanecer, la tela cuadrada recuperó su esplendor y volvió a mostrar todo su poder.

—«Es blanco, blanco radiante, por tanto, no sólo no me falta la energía de los colores, sino que los tengo todos y en su máxima expresión. Ahora lo comprendo: en el blanco están todos los demás colores, es la sublimación del conjunto de ellos, y cuando así se suman, aportan toda su energía para configurar juntos un nuevo aspecto, común a todos: el BLANCO. Y pensar que antes no supe ver el privilegio que tenía a mi alcance, ¿cómo es posible que despreciara semejante ayuda confundiéndola con la nada?»

Y cumplió su promesa, creando un nuevo mundo, el

más hermoso que jamás concibió el universo, para regocijo de los Creadores y felicidad de sus pueblos.

Como Rojo, muchos son los que no saben ver la inmensa energía que se obtiene de un grupo de personas diferentes, pues no saben ver más que lo que desean ver, a los que son iguales a ellos mismos, descartando la diversidad como fuente inagotable de desarrollo. Y es por eso que asumen en solitario sus empresas, ignorando el poder que supone contar con el equipo que tienen.

> Muchos directivos, ignoran el poder que supone contar con el equipo que tienen.

Y es también por eso, que los triunfadores saben entender que la única forma de alcanzar la energía plena, la que sólo puede ofrecernos el blanco, es mediante la suma de todos los demás colores, con sus diferentes enfoques de la vida. Y que es precisamente la aportación de cada miembro del grupo la que proporciona un ilimitado vigor, capaz de lograr el máximo ante cada oportunidad y superar cuantas dificultades nos ofrezca el destino.

> La única forma de alcanzar la energía plena, es mediante la suma de todos los demás.

12

Doctor, tengo un problema

El director de una compañía maderera, de estilo duro y autoritario, acudió al médico de la empresa y le dijo:

—«Doctor, he tenido un pequeño problema en el taller y necesito que me dé unas aspirinas o algo así para quitarme el terrible dolor de cabeza que se me ha puesto.»

El médico respondió:

—«Con mucho gusto le doy una medicina o lo que usted quiera, señor director. Pero sin ánimo de contradecirle, ¿no sería mejor, si a usted le parece bien, que antes probáramos a quitarle la sierra que tiene clavada en la frente?»

¿Se imaginan a alguien que hiciera esto, o que acudiera a su médico sólo para que le quitara la fiebre? ¿Qué sería lo adecuado?, ¿que le rebaje la fiebre o que le cure la enfermedad que la provoca? Y si además su vida depende de ello, ¿todavía dudaría? A menudo nos encontramos con empresas que nos dicen, por ejemplo: «En esta empresa tenemos un problema de comunicación». Hasta ahí la confusión podría ser razonable, pero el tema se agrava cuando acuden a consultores y especialistas para que solucionen el asunto con recomposiciones del organigrama y cursos de comunicación. Una vez más se confunde el síntoma con la enfermedad. Si atajas sólo el síntoma, puede que ganes algo de tiempo, pero mañana volverá a aparecer y, posiblemente, con más virulencia y con el problema de fondo más arraigado.

En una mayoría de situaciones los problemas de comunicación interna son sólo la fiebre, el síntoma externo que avisa que algo no va bien. ¿El problema de comunicación es que los mandos no transmiten adecuadamente? ¿La dirección no hace llegar sus mensajes? ¿Hay un diálogo jefe-colaborador deficiente? ¿El control se ejerce poco y mal? ¿Las entrevistas de evaluación son deficientes y mal entendidas? ¿Hay un clima negativo en la empresa? ¿Las relaciones interdepartamentales son nefastas?

¡Eso es un problema de liderazgo de tres pares de narices! O arreglamos precisamente eso o estaremos tirando el dinero, quemando cartuchos y minando la credibilidad de la dirección de la empresa, y muy particularmente de la dirección general y del departamento de recursos humanos. Cuando afloran síntomas como una pobre comunicación interna, o que los mandos intermedios no acaban de asumir su papel como jefes y siguen comportándose más como empleados de base, o que falta motivación, o que no hay espíritu de grupo o equipo, o que no se ejercen correctamente los valores que la cultura deseada por la dirección tanto se ha ocupado de trasladar por la empresa…, estamos antes las mil formas en las que se presenta el cáncer de huesos de las empresas: la falta de un suficiente ejercicio del liderazgo en toda su escala de mandos. Esto produce un debilitamiento de la masa ósea y sale al exterior con síntomas diversos. El problema es que el verdadero mal no se ve a simple vista, como ocurre con las afecciones de nuestro esqueleto.

Los profesionales que ocupan puestos de jefatura, a pesar de su experiencia y su formación, no tienen garantía alguna de ejercer correctamente su liderazgo, pues posiblemente nunca hayan tenido la oportunidad de parar a reordenar su comportamiento. Además, la falta de desarrollo del comportamiento directivo sale a la luz con mucha más virulencia cuando las cosas se ponen mal. Cuando la empresa o el departamento van viento en popa, no hace falta nada del otro mundo para parecer un jefe aceptable, pero cuando llegan las tormentas, los cambios de rumbo o el momento de afrontar las decisiones difíciles e impopulares... ahí es donde se marcan las diferencias.

> Cuando la empresa va viento en popa, no hace falta nada del otro mundo para parecer un jefe aceptable, Las diferencias se marcan cuando llega el momento de afrontar situaciones y decisiones difíciles.

Claro que para mejorar de forma tangible y duradera hace falta una condición imprescindible. Que la propia empresa esté dispuesta al cambio, empezando por sus principales directivos. Si éstos no están al frente de ese cambio, con la máxima humildad y dispuestos a dejarse ayudar, la dicha durará poco.

> Si los principales directivos no están al frente del cambio de la empresa, con la máxima humildad y dispuestos a dejarse ayudar, la dicha durará poco.

El caso sería semejante al de un enfermo que acudiera al médico con el siguiente planteamiento:

—«Doctor, para mí sólo hay dos objetivos en mi vida: vivir intensamente y tener buena salud. Me gusta fumar, bebo, me encanta comer y trasnochar, no soy deportista y las mujeres son una debilidad irresistible. Noto que así no voy bien, estoy engordando, me canso... ¿Qué me aconseja?»

—«Puedo ayudarle a retomar sus fuerzas y prolongar su vida, pero ¿está usted dispuesto a sacrificar esas cosas?»

—«Pues mire, sinceramente, no voy a ser capaz, lo he intentado alguna vez y ha sido un sufrimiento inútil, por eso he venido a verle. Quiero soluciones, pero que conste que yo voy a seguir haciendo las cosas como siempre. ¿Tiene algún remedio para mí?»

—«Cómo no. En estas circunstancias, para que alcance usted parte sus objetivos se va a tomar todos los días unas buenas raciones de jamón ibérico, carnes rojas con su grasa, marisco en abundancia, combinado con huevos fritos, migas y matanza con las exquisiteces más elaboradas. Va a fumar un par de cajetillas diarias. Trasnoche hasta que el cuerpo aguante. En cuanto a la bebida, lo que quiera, procurando evitar llegar a estar totalmente ebrio. Y las mujeres, a discreción, cuantas más mejor.»

—«¿Y usted cree que eso me servirá?»

—«Hombre, la salud le va a durar muy poco y la muerte prematura está garantizada, pero hasta entonces, lo que es vivir, le aseguro que va a vivir usted de ensueño.»

Si la dirección en general, y cada persona individual no asume que el motor de su cambio es él mismo, poco se podrá hacer desde fuera. Y son muchos los que acuden en busca de la solución milagro, sin empezar por ellos mismos, sin querer ver sus propias limitaciones, ni la oportunidad que supone para todos que cada uno logre curar su liderazgo.

> Cada uno debe asumir que el motor
> de su cambio es él mismo.

13

Llega una nueva especie: el Vendedor de Valor Añadido

Había un conductor profesional que se ganaba la vida trabajando en un taxi. Lo hacía con eficiencia, sabía llevar a los pasajeros sin brusquedades y con suavidad, era de los que más combustible ahorraba y no sometía al motor a grandes esfuerzos, para reducir al máximo su mantenimiento y prolongar la vida del vehículo. Siempre procuraba ir por las principales avenidas, porque ofrecen mayor seguridad pues todos sus cruces son con semáforos. El tiempo era su aliado, cuanto más tardaba en llegar al destino mejor, más dinero y más rentabilidad. Tenía claro que en su negocio la fidelidad del cliente no era importante, ya que no se suele mantener una relación de servicio duradera con los usuarios, por ello su orientación era lograr el máximo de cada cliente que se subía, y así si podía, procuraba lograr que la carrera fuera superior, sea por cobrar algún extra por maletas, o por escoger una calle más transitada, o de cualquier otra forma. Sus jefes estaban satisfechos, pues cumplía perfectamente su función y obtenía beneficios.

Pero un día le dijeron que el mercado había cambiado, que ahora la empresa emprendía un nuevo rumbo y se iba a especializar en competir en rallies.

El taxista pensó que la cosa no parecía difícil, al fin y al cabo era más de lo mismo, ya que se utilizan las mismas herramientas: un coche con motor, un volante, el cambio de marchas, el acelerador, los frenos... Con los kilómetros que llevaba a su espalda la nueva tarea era factible. A los pocos meses le llamaron desde la central. Sus resultados eran insatisfactorios, y eso estaba poniendo en grave riesgo a sus compañeros de otras áreas de la empresa.

El conductor no entendía nada, llevaba años haciendo lo mismo y siempre había sido apreciado y felicitado. Ahora sólo le habían cambiado el coche por uno más potente, uno que era más todo terreno, pero él seguía cuidándolo como antaño, seguía buscando avenidas seguras, seguía conduciendo suavemente, y aplicaba con rigor todo lo que su experiencia le dictaba. Así que las palabras recibidas desde arriba sólo cabía calificarlas de clara y manifiesta injusticia.

Un viejo compañero con el que coincidió en una parada se interesó por él, y tras oír su versión de la realidad le dijo:

—«Querido amigo, efectivamente nuestro negocio sigue siendo conducir un coche, ¡pero de otra forma! Ahora es otra cosa, los piloto de rally debemos conducir el coche con rapidez y precisión, se circula por cualquier terreno, según toque. Hay que llegar con el motor entero, sí, pero en el menor tiempo posible. El cliente debe ver resultados, si no nos quita el patrocinio, y encima ahora competimos en cada carrera con otros que también quieren ganar. Tenemos a toda la empresa respaldándonos y aportándonos servicio, y todos dependen de nuestros buenos resultados para conservar sus puestos de trabajo. Creo que eres un buen profesional, pero me temo que lo que te ocurre es que todavía no te has enterado de qué va ahora la cosa.»

> # Lo que les ocurre a muchos es que todavía no se han enterado de qué va ahora la cosa.

Como el buen taxista, los profesionales de la venta del siglo pasado, incluidos los que se consideraban los mejores, han cambiado de realidad, y deben saber incorporarse a este nuevo entorno, y evolucionar para seguir conservando su sitio. ¿En qué se diferencian los vendedores profesionales del siglo XXI?

Antes necesitábamos a los vendedores «taxistas», ahora queremos vendedores de alta competición. La tecnología afecta a nuestro entorno y a los parámetros tradicionales. La reciente llegada de un nuevo medio como Internet va a suponer una evolución importante en el mundo comercial, y ello obligará a una transformación de la figura del vendedor.

Hasta ahora la figura del vendedor era imprescindible, entre otras cosas, para informar, ya que no había otra forma. El folleto siempre era escaso y, por tanto, una de las labores del vendedor era ser el «folleto parlante», mucho más interactivo y extenso que el papel escrito.

Otra faceta era la de «recogepedidos», ya que alguien tenía que ir a por ellos, concretar, ajustar las condiciones finales, explicar la última promoción...

Por último, el vendedor debía abrir puertas, visitar cuentas nuevas para tratar de ampliar la cartera de clientes. La extensión masiva de Internet cambiará muy pronto todo esto. De hecho el cambio ya ha comenzado. El «folleto web» ya es interactivo, extenso, completo, atractivo y mucho más económico que un vendedor. Para recoger pedidos, el correo electrónico y el teléfono son suficientes, eso ya no justifica a un vendedor. De hecho, en muchos sectores, las condiciones de compra-venta se negocian una vez al año a alto nivel, de forma que ni el vendedor, ni el responsable de compras, tienen ya capacidad de negociación, así que ¿para qué va el vendedor?

Esto elimina las tareas menos especializadas de este profesional de las ventas, y obliga a que destaquen más que nunca las verdaderas habilidades de un buen vendedor. Eso de «el que no sirve, a vender» ya no tiene sentido, y se está transformando en: «los mejores, a vender». En suma, se están produciendo multitud de cambios que obligan a transformar la figura del vendedor. Bienvenidos los cambios, porque en ellos está la oportunidad de mejora, y constituyen la esencia de toda evolución.

> Bienvenidos los cambios, porque en ellos está la oportunidad de mejora, y constituyen la esencia de toda evolución.

El vendedor tradicional, charlatán, amigable, «liante» dentro y fuera de su empresa, y poco especializado, evolucionará necesariamente al VVA: el Vendedor de Valor Añadido.

¿Qué aporta esta figura? Pues se trata de un vendedor capaz de dar valor añadido al cliente y a su empresa. Capaz de transformar las necesidades y problemas del cliente en oportunidades de negocio para ambos. Con una capacidad de trato que crea dependencia en el cliente.

Será un profesional altamente especializado. Su especialidad será tratar de influir en las personas, detectar la esencia del problema de sus interlocutores, hacer sentir bien al cliente y trasladar sus ideas a la empresa para convertirlas en soluciones rentables para todos. Será alguien con unos valores éticos intachables, que cumplirá siempre sus promesas, que generará una relación de alta confianza y honestidad con el cliente, que tendrá todo el apoyo de la empresa, porque sabe hasta dónde puede llegar y hasta dónde se puede comprometer.

Será alguien capaz de gestionar magníficamente su tiempo y su cartera de clientes. Muy riguroso en su planificación estratégica. Que se ganará a pulso la recomendación de los clientes. Generador de nuevas soluciones, un soporte más de I + D para su empresa, alguien que aportará nuevas alternativas en la forma de combinar los productos y servicios de la compañía para ser más competitivos. Alguien que sabe vender y defender el valor de las cosas bien hechas, que representa ese valor, que de hecho, pasa a formar parte del producto global, y eso le ayuda a argumentar el precio.

A casi nadie le gusta que le vendan, y todos necesitamos comprar. Los nuevos vendedores, conscientes de ello, serán profesionales que ayudan a comprar bien. Que transmiten seguridad, entusiastas de su producto y empresa. Que saben que ni ellos ni sus empresas son perfectos, pero sí son lo suficientemente buenos para dar respuesta eficaz, rentable y útil al cliente.

> A casi nadie le gusta que le vendan, y todos necesitamos comprar bien.

Serán profesionales más creativos, abiertos a salirse de los esquemas tradicionales. Sabrán hacer de cada excepción una nueva oportunidad de negocio. Es decir, serán «VVA».

Los nuevos vendedores serán parte del equipo de élite de la empresa, aportarán valor añadido al cliente y a la propia empresa. Formarán parte de la diferencia competitiva: «Querido cliente, yo formo parte de lo que estás comprando. Cuando trabajas con nosotros, sabes que tienes mi compromiso personal de estar ahí, de responder a tus peticiones, de no mentir para malvender, de dar la cara cuando tengamos problemas, de luchar por ti cuando metamos la pata, de ser consecuente y honesto, de buscar contigo soluciones válidas para ti, de ayudarte, de que tenga valor lo que pagues, de lograr que compres bien».

¿Y de dónde los sacamos? ¡Ya están ahí! No son una nueva raza, sino una nueva forma de hacer lo de siempre.

Llega una nueva especie: el Vendedor de Valor Añadido

Tendrán que escuchar más y mejor, tendrán que hablar menos y mejor, tendrán que ser mucho más atrevidos, más expertos, más asesores, más pacientes, más hábiles, tendrán que saber cómo detectar la verdadera inquietud del cliente, y además, tendrán que averiguar cuál es esa inquietud, cómo la manifiesta. Tendrán que ser negociadores creativos, capaces siempre de encontrar una alternativa válida para ambos, sin ganadores ni perdedores. Tendrán que ganarse la confianza y el respeto del cliente, y ser firmes en la defensa de los precios, la calidad, y los compromisos. Tendrán que ser rápidos cerrando las operaciones, rápidos dando respuestas, rápidos incluso devolviendo llamadas. Tendrán que ser profesionales capaces de adaptarse al interlocutor que tengan enfrente en cada momento.

¿Y no podrían evolucionar los vendedores actuales a ese nuevo VVA? No todos lo conseguirán, es cierto, pero la mayoría podrían lograrlo con la ayuda adecuada: el desarrollo de los comportamientos comerciales.

El VVA no utilizará nuevas herramientas mágicas. Usará las de siempre, pero de otra manera. Y además, partirá de unos valores profesionales muy claros. Una vez reordenados estos valores, y desarrollados los comportamientos adecuados, ya tenemos evolucionada nuestra fuerza de ventas.

Esta nueva evolución es inminente, es llevar a la realidad lo que hasta ahora era teoría. Es lograr una alta Calidad de Venta. Y eso es sólo el principio, la punta del iceberg, porque detrás irá toda la empresa. A esos vendedores deberán dar respuesta todos en línea. Desde logística hasta el departamento financiero. Sí, también el departamento financiero-comercial (como quizá termine por llamarse), orientado a aportar también valor al conjunto producto-servicios que forman la oferta, y a ayudar a ser más competitivos, salvaguardando al tiempo el equilibrio financiero de la empresa.

14

El secreto del Gran Mercader

En tiempos de escasez tres galeras fenicias se encontraban en un pequeño puerto del Mediterráneo. Pertenecían al que más tarde llegó a ser conocido por el Gran Mercader, el más grande de todos los comerciantes de la época. Su objetivo era llegar a Cartago con toda la mercancía. Tras varias tormentas y vicisitudes, los barcos y sus tripulaciones habían quedado muy deteriorados: la mitad de los remos estaban rotos, las velas rasgadas, las ropas raídas y el aspecto general de cubierta era deplorable. La travesía iba a ser dura, pues debían atravesar necesariamente el mar de las Corrientes y pasar cerca de los acantilados de la Muerte. Además no tenían tiempo que perder pues se había vaticinado que aquel invierno iba a ser el más crudo jamás antes conocido. Así que debían partir antes de una semana, pues quedarse suponía la segura destrucción del barco, ya que aquel sencillo fondeadero apenas ofrecía amparo.

Aquel puerto era el último que había antes de atravesar tan terribles mares, casi no tenían dinero y debían tomar las decisiones mejores para pertrecharse adecuadamente.

Todos cargaron los víveres imprescindibles, y a partir de ahí con los escasos medios restantes, cada galera tomó su opción. Uno de los capitanes decidió adecentar la cubierta, arreglar los remos al menos para que tuvieran buen aspecto, renovar los destrozados camastros de los marineros y adecentar el camarote de los oficiales, consideró importante ofrecer una buena imagen. Eso ayudaría a levantar la moral de la tripulación y mantener el buen orden y la disciplina. Decidieron hacer una vela más pequeña uniendo los escasos trozos que quedaban de la antigua, así al menos se vería reluciente y dentro de la norma.

El segundo invirtió un poco en todo lo que pudo: un poco de hilo (poco, pues no había presupuesto); algo de lona para la vela (poca); por supuesto, algo de ropa decente para la tripulación (de segunda mano); unos escasos remos (muy delgados, para ahorrar) y cuerda para rehacer los cabos rotos (más fina de lo normal pues la adecuada salía más cara). Con ello logró tener un poco de todo... y nada completo.

El capitán de la tercera galera reunió a todo el personal del barco y les dijo:

—«Señores, estamos en el momento crucial de nuestra travesía, debemos separar lo estratégico de lo únicamente conveniente. A partir de ahí, todo lo que sea estratégico, es decir, todo lo que sea básico para poder llevar a cabo nuestra misión debe hacerse sin temor y empleando lo mejor que nos podamos permitir. Para poder hacer esto, el resto de necesidades quedan supeditadas a lo anterior. Además de los víveres, ¿qué es básico para atravesar las peligrosas aguas a las que nos enfrentaremos?»

> Todo lo estratégico para poder llevar
> a cabo nuestra misión debe hacerse
> sin temor y empleando lo mejor
> que nos podamos permitir.

El capitán lanzó esta pregunta a su equipo y todos participaron activamente aportando sus ideas. Después de que cada área diera sus conclusiones, el capitán comunicó su decisión:

—«Comprad los remos que faltan, de la mejor madera que encontréis, buen hilo y unas buenas sogas para hacer cabos resistentes, eso es todo, ya no tenemos recursos para nada más.»

El responsable de la vela, sorprendido, manifestó:

—«Capitán, sin una vela completa será imposible.»

Algunos añadieron:

—«Nuestras ropas están destrozadas, el aspecto del barco es espantoso y nuestros camastros están hechos añicos.»

—«Cierto», contestó el capitán, «y nada de eso es estratégico para nuestro fin, que no es otro que llegar vivos a Cartago con nuestra mercancía. Por eso cada uno dará la tela que posea, su sábana, los jirones que queden de su camisa y hasta su pañuelo, nada de eso es esencial para este viaje, y todo ello lo coseremos firmemente a la vela hasta completarla de nuevo».

Los de la primera galera partieron orgullosos de su impecable nave, riéndose del penoso aspecto de las otras dos, especialmente la del tercer capitán, cuya vela parecía un mosaico de remiendos con todos los colores imaginables. Cuando llegaron al mar de las Corrientes, los remos apaña- dos con remiendos de la primera galera pronto se volvieron a quebrar. Su pequeña vela no ofrecía suficiente empuje y acabaron arrastrados por la corriente que les lanzó irremi- siblemente contra los mortales acantilados.

La segunda galera no tenía suficiente de nada, así que poco a poco iba perdiendo rumbo, pues a pesar del loable esfuerzo de todos, los delgados remos no contrarrestaban la fuerte corriente. Su vela incompleta pronto quedó al pairo, al romperse los frágiles cabos que la sujetaban. Y la nave acabó igualmente engullida por los acantilados.

Los de la tercera galera remaron sin desánimo, la im- provisada vela cumplió perfectamente su papel y los fuertes cabos aguantaron los embates del mar. Y llegaron a Carta- go, casi desnudos, con el barco desvencijado, pero vivos, sa- tisfechos y pletóricos.

Cuando el mercader se enteró de la hazaña quiso felici- tar personalmente al capitán y le llamó a su presencia.

—«¿Cómo lo lograsteis?», preguntó. Y el capitán, hu- milde y respetuoso argumentó:

—«En tiempos de abundancia es fácil ir sobrado de todo, y todas las galeras parecen navegar suficientemente bien. Siempre hay velas y remos de repuesto, medios para costear arreglos y de una forma u otra, incluso derrochan- do recursos y esfuerzos, se suele acabar por llegar al desti- no, muchas veces a pesar de cómo se ha dirigido el barco. Pero el resultado final enmascara la mala gestión. Sin embargo, en tiempos difíciles sólo hay un camino para sobrevivir: creer firmemente en que sólo las cosas bien hechas ofrecen los mejores resultados, y una vez elegida la estrategia que nos llevará a buen puerto no hay excusas ni recortes para todo lo esencial, pues el plan adecuado y el trabajo bien hecho siempre son y serán la mejor garantía para el éxito. Las dudas o las cosas a medias, bajo la excusa de que no hay presupuesto, o las actitudes conservadoras, sólo conducen al bochornoso fracaso del mediocre.

> El plan adecuado y el trabajo bien hecho siempre son y serán la mejor garantía para el éxito.

El mayor error en tiempos de adversidad es hacer recortes en lo estratégico. Una vez elegido un camino, se apuesta a fondo por él, sin reparos y a muerte: o salimos o nos hundimos del todo. Pues no hay mayor necedad que naufragar por no haber partido con los medios de avance suficientes, porque algún cobarde, insensato y suicida, eligió recortar el presupuesto para remos.»

El comerciante, impresionado, llenó de presentes y recompensas al capitán. Le nombró su asesor personal y se replanteó toda su política y planes de acción. Lo estratégico pasó a tener prioridad absoluta. Dividió las acciones de sus planes en Estratégicas y «Resto». Para lo estratégico no cabían recortes de ninguna clase, y hasta donde llegaran los recursos, se haría lo que había que hacer y siempre con lo mejor. El resto se conformaría con lo que quedara. Se separó, por ejemplo, la formación estratégica de la formación interesante. Para la primera no había límite ni excusas, si era esencial lograr que las personas clave de la empresa cambiaran su forma de hacer, se haría cuanto antes y con la ayuda de los mejores. Para la segunda cabían todo tipo de recortes, limitaciones o segundas calidades.

Igualmente se distinguió entre aquellos medios, reestructuraciones y cambios que fueran estratégicos y aquellos que sólo fueran «interesantes». Para los primeros no había límite, hasta donde alcanzaran los recursos y con lo mejor; para los segundos los recortes y los mínimos estaban a la orden del día. Si lo estratégico era incrementar las ventas con «cantidad de calidad», todo debía ponerse al servicio de incrementar la rentabilidad comercial. Si la estrategia demandaba inexorablemente reforzar la cultura de la compañía, mejorar la calidad de dirección de todos los mandos, desde arriba hasta abajo, y volver a implantar un clima positivo de máxima exigencia, pues todos a participar en ello y apoyados en los mejores especialistas. Si la calidad del producto era un factor estratégico para la empresa, no era suprimible ni un dinar que pudiera ponerla en peligro.

Y así, aplicando con firmeza este secreto, sus resultados se multiplicaron, su fama recorrió el mundo y llegó a obtener el sobrenombre de El Gran Mercader. Pues lograba siempre, misteriosamente, los mejores resultados, tanto en los buenos momentos como en tiempos de recesión.

En tiempos de abundancia es fácil cumplir a pesar de cómo se ha dirigido, y los frondosos resultados enmascaran fácilmente la mala gestión.

15

Dirigir en globo

La dirección se ejerce como si estuviera montada en un globo aerostático. Al elevarse hasta su punto idóneo, logra tener una visión de conjunto de toda la empresa y una percepción clara del entorno que rodea a la empresa, y del horizonte. Desde ahí puede dar instrucciones inteligentes a su equipo, para lograr el máximo provecho de la gestión del día a día, y conjugarlo con un firme avance hacia un futuro mejor.

Si la dirección asume demasiadas cosas del terreno se carga de excesivo lastre, y esto le impide elevarse lo suficiente, se queda demasiado pegada al suelo y no puede ver con claridad ni el conjunto de la empresa ni el horizonte. Por contra, si se eleva demasiado, como también puede ocurrir, pierde la visión nítida de lo que ocurre abajo por situarse tan alejado de la base y, lo que es peor, ya no le oye su equipo. Sus instrucciones no se entienden, pues llegan débiles y confusas.

En las grandes organizaciones la dirección de la empresa debe mantener el justo equilibrio para tener un buen dominio general de lo que ocurre dentro de sus empresas, pero sin estar tan enfrascados en el día a día que les impida ver claramente el horizonte para poder conducir óptimamente al equipo.

Esto guarda estrecha relación con las dos funciones básicas de un directivo, aquéllas que difícilmente se podrían delegar, ni siquiera en el grupo de colaboradores más perfecto imaginable. Estas funciones son: decidir y controlar.

Decidir, porque todo grupo necesita que alguien tome y asuma las decisiones finales. Podrán ser consensuadas, basadas en las propuestas del propio grupo, sugeridas por un comité, o lo que sea, pero al final alguien debe decir: «Esto es lo que vamos a hacer» y asumir la responsabilidad que conlleva. Por mucho trabajo en equipo o equipos multidisciplinares, o estructuras matriciales, si no hay un líder que tome decisiones, que las comunique al conjunto de la forma adecuada, que concrete los objetivos, que se moje y que dé la cara, el equipo no rendirá en todo su potencial. Después, el camino, la realización del proyecto, sí se puede delegar en toda su amplitud pues ese es el verdadero territorio de los colaboradores.

A este respecto convendría recordar que la gestión empresarial actual es participativa, pero no democrática, que no es lo mismo, y más de uno tiende a confundir estos términos.

La gestión actual es participativa, pero no democrática, que no es lo mismo.

La otra gran faceta está en controlar, pues delegar sin controlar no es delegar. Alguien debe coordinar los esfuerzos del grupo, exigir y mantener un alto grado de rendimiento, fomentar la motivación, comprobar los avances, ayudar a corregir los desaciertos y, sobre todo, orientar al equipo para facilitar el éxito de su trabajo. Sin control, la dispersión, la fuga de eficacia y la descoordinación está garantizada. Además en esto no hay término medio, en dirección no vale eso de controlar «un poquito», porque si no controlas descontrolas, y el descontrol siempre ha sido la antesala del fracaso. Dar autonomía al equipo está muy bien, pero nadie ha dicho que el control esté reñido con la confianza, sino todo lo contrario, la consolida, siempre que sea un control correctamente ejercido.

> Sin control, la descoordinación
> y la fuga de eficacia está garantizada.
> En dirección si no controlas
> descontrolas, no hay término medio.

Por esto ambas cosas, decidir y controlar, se convierten en dos habilidades claves para el directivo, aquellas que debe elevar a la categoría de arte. Ambas deben ser perfectamente conocidas y hábilmente manejadas. Igual que el responsable económico de la empresa debe conocer y usar correctamente las herramientas financieras y el informático las informáticas, el buen directivo debe ser un verdadero artista en el manejo de las herramientas de la toma y comunicación de decisiones y del ejercicio del control como instrumento de ayuda al grupo.

Si no se dominan en profundidad estas facetas, si se emplean con un estilo intuitivo, más basado en la inspiración de cada momento, o en viejo hábitos, o en la aplicación autómata de modelos teóricos, se estarán poniendo las bases para un equipo de bajo rendimiento. No porque lo hagan necesariamente mal, sino porque no lo harán tan bien como serían capaces de hacerlo si estuvieran mejor dirigidos.

> Al final siempre hace falta alguien que diga «esto es lo que vamos a hacer» y que asuma la responsabilidad que conlleva.

¿Quién ha nacido siendo un experto en navegación aerostática? Por lo mismo, los directivos no nacemos con el máster en dirección de personas bajo el brazo. Deberemos desarrollar estas facetas a lo largo de nuestra trayectoria profesional, y no dudar en solicitar ayuda para reordenar todos los conceptos adquiridos tanto con nuestra formación como con nuestra experiencia.

Nadie exige al directivo que sea Superman, tan sólo que sea una persona normal que dirija bien. Y eso está al alcance de cualquiera que haya llegado a un puesto de responsabilidad y, en consecuencia, ya ha demostrado una valía básica para dirigir e implicarse. Tan sólo requiere una dosis de autoexigencia, de querer hacerlo mejor, y la humildad necesaria para asumir que no somos los mejores, que seguro que hay muchas otras formas de hacer que pueden ser tanto o más eficaces que las nuestras.

Recientemente un buen ejecutivo de una gran empresa, al finalizar uno de los programas Otto Walter de desarrollo del comportamiento directivo, transmitió sus conclusiones al grupo, con esa llaneza que caracteriza a las personas verdaderamente fuertes, y compartió una idea que nos impresionó a todos, que nos hizo reflexionar profundamente sobre los conceptos básicos de la dirección de personas. Su comentario fue:

—«Me he dado cuenta ahora de algo que a pesar de mis años de experiencia nunca había asumido, y es que los colaboradores tienen DERECHO a ser bien dirigidos.»

Dejo esta reflexión en el aire, para la meditación personal de cada uno, pues posiblemente recoge la base del estilo de dirección que se exigirá en este recién comenzado siglo XXI.

> Todos los colaboradores tienen DERECHO a ser bien dirigidos.

16

¿Disminuir los gastos a base de aumentar los costes?

¿Quién ideó semejante absurdo? En la crisis de finales del siglo xx hubo que hacer muchos recortes para sobrevivir, y eso dejó sus secuelas. En muchas empresas se ha creado una manía muy peligrosa, ya que estrangula lentamente la eficacia del grupo, dispara los costes y conduce a la ruina, pero de una manera oculta y silenciosa.

Nos referimos a la extendida costumbre de eliminar puestos aparentemente secundarios, bajo el paraguas de la disminución de gastos.

Ahora resulta que varios mandos o directivos medios comparten secretaria, o simplemente no tienen. Total, entre el PC portátil, el teléfono móvil, la agenda electrónica, el correo electrónico, etc., etc., «ya no hace falta». Así, a simple vista, casi parece cierto y alguien se apuntará una magnífica medalla por haber «ahorrado» el coste que suponían esos puestos.

¿Es verdad que se ahorra?

Veamos un ejemplo:

En una empresa tenían un equipo comercial de diez vendedores, con dos administrativos. Los vendedores dedicaban un inevitable 10% de su tiempo a tareas administrativas, y el resto de la jornada a vender. Es decir, tenían una potencia comercial equivalente al tiempo de nueve vendedores con plena dedicación.

Llegó el «listillo» de turno, y decidió que podrían ahorrar mucho si se eliminaban a las dos personas de apoyo administrativo aprovechando los nuevos medios tecnológicos. Así que se equipó a los vendedores con ordenadores portátiles, teléfonos móviles, etc, y se dejó «media» administrativa, es decir, una sola persona compartida al 50% con otro departamento.

Resultado aparente: ahorro de una buena cantidad al año. ¿De verdad?

Ahora los diez vendedores deben suplir a los 1,5 administrativos menos que tienen, lo que supone dedicar técnicamente un 15% más de su tiempo a tareas administrativas, que sumado al 10% anterior y estimando un mínimo de un 5% adicional que la realidad nos dice que necesitan, por hacerlo fatal, ya que son pésimos administrativos (y no tienen porqué ser buenos, ya que no es su misión) da un total del 30% de su tiempo dedicado a realizar tareas administrativas. Encima están desmotivados por verse haciendo lo que no les gusta, y el resultado final en realidad es que ahora sólo tenemos potencia equivalente a siete vendedores, es decir, dos menos que antes, y además frustrados y desmotivados.

Comprobemos la evolución global de los costes:

Supongamos una moneda imaginaria que llamaremos U (Unidades). Por tanto, una proporción coherente con la realidad nos daría los siguientes costes anuales por profesional:

¿Disminuir los gastos a base de aumentar los costes?

- Administrativo comercial: 20.000 U
- Comercial (fijo más variable): 40.000 U

*Antes de la operación ahorro:
- El trabajo administrativo lo realizaban «tres personas» (los dos administrativos + un 10% de 10 vendedores), y su coste anual era:
- 2 administrativos (20.000 U cada uno) = 40.000 U
- 10% de 10 vendedores (400.000 U total) = 40.000 U
- Total coste administrativo = 80.000 U
- Potencia comercial equivalente: 9 vendedores a plena dedicación.

Coste total anual del departamento:
- 10 vendedores = 400.000 U
- 2 administrativos = 40.000 U

Total departamento = 440.000 U

*Ahora, después del «ahorro»:
- La fuerza administrativa es de 3,5 personas (el «medio administrativo + 30% de 10 vendedores), con el siguiente coste:
- Medio administrativo = 10.000 U
- 30% de 10 vendedores = 120.000 U
- Total costes administrativos = 130.000 U
- Potencia comercial equivalente: 7 vendedores a tiempo completo.

Coste total del departamento:
- 10 vendedores = 400.000 U
- Medio administrativo = 10.000 U
- Total departamento = 410.000 U

*Comparación Antes-Ahora:
· Diferencia de costes totales = 30.000 U
· Incremento de costes administrativos = + 50.000 U

Lo que técnicamente es un ahorro de 30.000 € se convierte en un aumento de los costes administrativos de 50.000 €, casi el doble del teórico ahorro ¡¡Además de disminuir la POTENCIA COMERCIAL de 9 a 7 vendedores, enfadados, desbordados y desmotivados!!

¡Bravo! Si el objetivo es arruinar la empresa, la estrategia es excelente.

Lo curioso de esta «enfermedad» es que va desarrollando una ceguera creciente. Ya que en poco tiempo, como es lógico, los resultados empeoran y la dirección no se lo explica. El razonamiento más probable de esas «eminencias» es que: «Si hemos ajustado los gastos para ser más competitivos, ¿cómo es posible que vendamos menos y peor si seguimos con los mismos 10 vendedores?» Conclusión fácil: ¡el equipo no vale!

Los vendedores y los directivos de medio mundo están gritando algo que no se oía antes: ¡dejadnos salir a vender y dadnos tiempo para dirigir!

Con estos sistemas se logra que los vendedores, en cuanto tienen unas pocas operaciones en marcha, queden bloqueados durante días porque tienen que atender las tareas administrativas que generan. Lo mismo podríamos observar en el caso de los directivos y los técnicos especialistas, a los que cada vez se les quita más apoyo administrativo y deben dedicar una enorme cantidad de tiempo a redactar esto, enviar lo otro, preparar una presentación, contestar *e-mails*, etc. Con la cuarta parte del coste de esas horas, se podría contratar a tres excelentes auxiliares, que lo harían mucho mejor, y además los profesionales de alto nivel y alto coste podrían dedicarse a hacer su verdadero trabajo.

Cuando no haya más remedio que recortar gastos, proponemos otra solución. Sigamos con el caso de los vendedores. ¿Necesitamos reducir gastos? Bien, hagámoslo de forma inteligente y competitiva. Es decir: ¡todo menos mermar la fuerza de ventas!

Dejaremos a un administrativo, el mejor de los dos que había. De los diez vendedores, elegiremos a uno que sea flojo en ventas pero que resulte un magnífico apoyo como técnico de soporte comercial especializado, y le reubicaremos como soporte de los otros nueve, con un coste total de 30.000 U. (No es mucho menos de lo que costaba, porque como ya era claramente de los que menos vendía también era de los que menos comisiones cobraba, así que la diferencia de ingresos es escasa y a cambio logra un puesto con más estabilidad y utilidad.) Con ello tendremos un experto que conoce la realidad comercial, que hará el trabajo de soporte con más eficacia, y que aprovechará los esfuerzos comunes, ya que sabrá optimizar los recursos y al tiempo que prepara lo de uno, sabrá que parte de la documentación le servirá a otro.

Es decir, tendremos un soporte comercial de alto nivel, ayudado por un administrativo puro, y los nueve mejores vendedores en la calle.

Con ello obtendremos:

· Tareas administrativas realizadas por «2,9» personas (2 personas + el inevitable 10% de los 9 vendedores), con un coste administrativo de:
· 10% de los 9 vendedores = 36.000 U
· 1 persona, soporte comercial especializado = 30.000 U
· 1 administrativo = 20.000 U
· Total costes administrativos = 86.000 U

POTENCIA COMERCIAL equivalente: 8,1 vendedores a plena dedicación (encima, los mejores) situándonos muy cerca del rendimiento comercial anterior al reajuste.

Coste total del departamento:
· 9 vendedores = 360.000 U
· 1+1 administrativo + técnico de soporte = 50.000 U
· Total del departamento = 410.000 U

Con esto hemos logrado reducir igualmente los gastos, logrando además mayor fuerza comercial que la anterior solución (8,1 frente a 7) y mayor eficacia del grupo, al haber constituido un equipo de alto rendimiento, que probablemente logrará resultados muy semejantes a los del grupo inicial de diez vendedores y dos administrativos.

Como se puede observar, los problemas de dinero nunca se arreglan actuando sobre el dinero, se arreglan con imaginación. Buscar atajos fáciles normalmente conduce a un mayor hundimiento. La clave es garantizar que todos hagan las cosas bien, y que los especialistas hagan lo que tienen que hacer, porque esa es siempre la mejor manera de salir adelante, y más aún en tiempos difíciles, donde no hay margen para errores.

Si tomamos el ejemplo de un directivo medio que haya sufrido otra de estas «geniales» reducciones de gastos, las cuentas serán aún peor, pues su coste es superior. No hay más que ver lo que hace cada día un directivo:

¿Cuánto tiempo invierte ahora en preparar dosieres, documentos, presentaciones, archivar, hacer las dichosas hojas de gastos, convocar reuniones, atender y contestar *e-mails*... y todo el tipo de cosas que haría perfectamente una buena ayudante?

¿Un 20% del tiempo? Todos los directivos se sorprenderían del resultado si alguien cronometrara su día a día. ¡Como mínimo supone un 25%!, y ahora calcule el coste de un simple 15% del tiempo de un directivo. Si suma los mandos medios y altos que tiene en su empresa ¡ya tiene presupuesto de sobra para un equipo de apoyo excepcional!

¿Cuántas cosas importantes no pueden hacer esos valiosos profesionales por falta de tiempo? Si tuvieran esa ayuda seguro que liberarían un mínimo del 15% de ese tiempo. ¿Cuánto podrían producir y rendir con todo ese caudal de rendimiento de más? ¿Cuánto más podrían aportar a la empresa y al equipo?

Por favor, dejemos que el personal cualificado haga su trabajo. Los vendedores a vender, los especialistas a aportar sus capacidades y los mandos y directivos a dirigir. Cualquier recorte de gastos que vaya en contra del principio de facilitar que los profesionales clave tengan las máximas facilidades para dedicarse a su trabajo supondrá, una vez más, la enorme falacia de disminuir los gastos a base de disparar los costes, empeorando la eficacia y la motivación y, por tanto, los resultados.

Cualquier recorte de gastos que vaya en contra del principio de facilitar que los profesionales clave tengan las máximas facilidades para dedicarse a su verdadero trabajo supondrá empeorar las cosas.

Apéndice

¿Qué es el desarrollo del comportamiento profesional?

Según la Real Academia de la Lengua, comportamiento es la «manera con que las personas gobiernan su vida y dirigen sus acciones». La definición es completa y precisa, y si hablamos de comportamiento directivo o comercial queda evidente que el desarrollo de la forma de gobernar la vida profesional, y lograr más criterio en la dirección de las propias acciones puede suponer una mejora cualitativa sustancial. En las empresas hay dos colectivos que viven de y para influir en los demás. Son los que tienen que poner en movimiento a otros de la forma adecuada, para ayudar a alcanzar su propio éxito y el de sus empresas. Nos referimos a los directivos y vendedores. Ambos deben lograr que los otros «quieran hacer y hagan». El directivo o mando intermedio debe conseguir que el grupo que dirige actúe con la mayor eficacia posible y, para que sea duradero, tiene que lograr esto en un clima positivo y de alto rendimiento. El vendedor debe conseguir que el cliente quiera comprar, y más aún, que el cliente se asocie con nuestra empresa, se involucre, nos considere sus colaboradores más rentables y nos recomiende sin temor.

Para lograr estos efectos en los demás, tanto los directivos como los vendedores cuentan, fundamentalmente, con una herramienta: la forma de tratar a los demás. Es decir, su principal instrumento de trabajo es su propio comportamiento, la forma en la que comunica, cumple, reconoce o controla, y llamo la atención en esto: en la forma, que no el fondo.

Podemos tener a un directivo con una filosofía empresarial ejemplar, digna del mejor libro de *management* del siglo XXI, pero si su comportamiento no es acorde con esa filosofía, si a la hora de despachar con sus colaboradores ni escucha, ni prepara, ni concreta, ni acepta sugerencias, ni se orienta a soluciones, ni transmite las decisiones con claridad y credibilidad, si no respeta a los otros, si no forma al equipo, si no es ejemplar, si no es coherente y consecuente, y un largo etcétera, de poco le servirán sus modelos teóricos para ejercer un liderazgo aceptable.

¿Y eso se puede desarrollar?, es la pregunta que más escucho, y con toda lógica, pues hablamos de mejorar el comportamiento de profesionales experimentados. Ahí precisamente surge la dificultad, porque si hablamos de mejorar comportamientos necesariamente estamos hablando de CAMBIAR la forma de hacer. Y eso ya son palabras mayores. Cambiar a un adulto es tarea casi imposible, excepto si se cuenta con la implicación del propio adulto, ya que la única persona capaz de cambiar nuestro comportamiento somos nosotros mismos, con nuestra propia experiencia y nuestro propio convencimiento. Aquí poco valen los libros y las lecciones. El desarrollo del comportamiento profesional no se puede enseñar, sólo se puede aprender. Lo que sí se puede es ayudar a que ese aprendizaje sea más acelerado, más certero y más profundo. Y para eso se han creado los programas de desarrollo en los que se crean las circunstancias para que cada uno pueda vivir y comprobar, mediante la «experiencia práctica consciente», unas formas diferentes de hacer y entender lo de siempre y obtener sus propias conclusiones.

> # La única persona capaz de cambiar nuestro comportamiento somos nosotros mismos.

Esto no sólo ocurre con los adultos. Los niños también modelan su comportamiento de esta forma, solo que ellos están experimentando permanentemente. Una vez un padre trataba de explicar a su hijo que no tocara el cristal del horno porque un día se podría quemar. El pequeño no acaba de entenderlo y seguía jugando. El padre, paciente, se lo explicó con ejemplos, con dibujos, con un cuento, pero no había forma. El niño tenía los conocimientos necesarios, pero no había cambiado el comportamiento, seguía tocando el cristal. Hasta que un día que estaban asando un pavo, sin que su padre le dijera nada, comprendió para siempre que no se debe tocar el cristal del horno y cambió su comportamiento de forma definitiva. ¿Adivinan cómo, verdad? Pues la experiencia de aquella quemadura se incorporó a sus referencias, le hizo comprender, más que saber, qué era lo más seguro y así lo hizo desde entonces.

El proceso con adultos es semejante, y no me refiero a la quemadura, sino a experimentarlo en persona. Pero aquí hay una dificultad añadida, los adultos ya tenemos una serie de comportamientos demasiado arraigados, unos hábitos adquiridos que son mucho más difíciles de romper. Supongamos que tuviera que comunicar a un miembro de su equipo un cambio de función, por necesidades del departamento, sabiendo que no va a suponer una mejora ni una tarea de su agrado. Además, tiene esta misma tarde reunión con todo el equipo para comunicar asuntos generales y desea aprovechar para hacer una revisión de las tareas de todos. ¿Tiene perfectamente claro cómo se deben plantear todos estos asuntos? ¿Cuántas maneras hay de plantearlos, mil, un millón? ¿Le consta que su forma de hacerlo es la más adecuada? ¿Le gustaría tener las «fichas del juego» mucho más claras para poder utilizarlas según la ocasión, como mejor lo estime? ¿Por qué unos dirigentes logran un buen nivel de liderazgo y otros no? ¿Ha visto alguna vez a un jefe que no estuviera convencido de que hacía las cosas de forma correcta? ¿Y cuántos jefes mediocres ha conocido? ¿Y cómo sabe usted, con certeza, que no es uno de ellos, si ellos tampoco se daban cuenta? ¿Tiene claras las herramientas claves del comportamiento directivo o comercial para poder evaluar, con objetividad, que las emplea adecuadamente?

Esto tiene solución. En el programa Executive de Desarrollo de Comportamientos que ofrece Otto Walter España, se ven con total transparencia y sencillez los mecanismos que modulan el comportamiento profesional, se identifican las herramientas del día a día y sus diferentes efectos, se obtienen respuestas concretas y criterios concretos aplicables a la realidad al día siguiente con sorprendentes resultados. Y todo esto pegados al suelo, sin perderse en teorías conceptuales, porque cada uno tendrá que experimentarlo en su entorno real. Y así descubrir no sólo qué hay que hacer, sino cómo hacerlo, e incluso los «porqués».

¡Cielos, el jefe ha hecho otro curso! Esta sensación es la que pensará que va a transmitir durante el proceso de mejora. Hará las cosas de forma diferente y su gente lo va a notar. De eso precisamente se trata, de que lo noten, porque si no notan nada es que no hemos cambiado nada. Ser capaz de aplicar de inmediato lo que descubrimos como útil sólo requiere seguridad en sí mismo, un poco de atrevimiento, preparación y humildad para asumir que todo es mejorable, y que cuanto antes se actúe mejor.

Muchas empresas utilizan este método tras una fusión o una reestructuración. De esta forma aprovechan la enorme carga de automotivación que supone la unidad que se establece al compartir intensamente el día a día entre los participantes. Esto se ve favorecido por una metodología enormemente participativa, por el lenguaje común que se genera y por la coordinación de estilos que provoca. Tanto es así que en más de un caso, la colaboración coordinada de una consultora especializada en reestructuraciones y estudios de puestos de trabajo, junto a una especialista en desarrollo del comportamiento profesional como Otto Walter, ha supuesto un catalizador capaz de integrar a toda la nueva estructura en apenas dos años, de forma eficaz y positiva, cuando en circunstancias normales supone un mínimo de cinco años de sufrimiento y desgaste.

La gestión del talento, el ejercicio del liderazgo, la mejora de procesos, la gestión del conocimiento, las estructuras flexibles, los procesos de calidad, el *coaching* y toda mejora que tratemos de implantar en las empresas, al final, estará soportada por las personas que las tendrán que ejercer. Si se afronta algún proyecto de este tipo sin combinarlo con un desarrollo del comportamiento, hay una alta probabilidad de que el cambio quede limitado a la presencia de un nuevo manual en el estante de varios despachos.

> Toda mejora que tratemos de implantar, al final, está soportada por las personas que la desarrollan.

En los tiempos que corren, donde la principal ventaja competitiva es y será hacer las cosas bien, no aprovechar la oportunidad para evolucionar con los profesionales claves de la empresa para que puedan ejercer mejor su papel como movilizadores, es un derroche de potencial y talento excesivo, más aún sabiendo que toda esa capacidad ya está en casa, tan sólo hay aflorarla.

Personalmente invito a todos los directivos que lean este libro a que se animen a probar esta experiencia, que cuenta con el aval de miles de profesionales que han acabado entusiasmados tras la oportunidad de pararse a pensar y reordenar sus criterios y comportamientos guiados por nuestra metodología.

> # La principal ventaja competitiva es y será hacer las cosas bien.

Más información www.ottowalter.com

Despedida

Espero que haya disfrutado de la lectura de este libro y ¡confío en haber logrado su deseo de recomendarlo! Estaré encantado de tener sus comentarios y opiniones, para ello puede enviar su mensaje a esta dirección de correo electrónico:

pez@ottowalter.com

Quisiera despedirme animando a todos a afrontar el mundo, y sus cambios continuos, con un espíritu positivo. Pues en cada uno de nosotros está el poder de disfrutar de lo que tenemos y somos hoy, mientras seguimos evolucionando para poder disfrutar también de todos los mañanas.

PACO MURO

Visítenos en la web:

www.empresaactiva.com